LA FOIRE

Boulangiste

PAR

JOSEPH REINACH

PARIS

VICTOR-HAVARD, ÉDITEUR

168, BOULEVARD SAINT-GERMAIN, 168

—

1889

LA

FOIRE BOULANGISTE

LA FOIRE
BOULANGISTE

PAR

JOSEPH REINACH

PREMIÈRE SÉRIE

PARIS

VICTOR-HAVARD, ÉDITEUR

168, Boulevard Saint-Germain, 168

1889

Droits de traduction et de reproduction réservés.

Le 8 janvier 1886, M. de Freycinet, chargé de constituer un cabinet en remplacement du cabinet Brisson, démissionnaire, appelait M. le général de division Boulanger au ministère de la guerre en remplacement de M. le général Campenon. La veille, comme j'avais appris la nouvelle d'un député républicain, qui devait faire partie du nouveau ministère, je me permis de lui dire, à plusieurs reprises : « Ouvrez l'œil sur Boulanger, c'est Pavia ! »

Rédacteur à la République française depuis le mois d'octobre 1877, je devins, le 16 mars 1886, directeur de ce journal. Des amis, trop indulgents, me demandent de réunir en volume, dans un intérêt de propagande républicaine, un choix des articles que j'ai publiés dans la République française, sur la conspiration boulangiste.

L'entreprise césarienne n'a pas éclaté, dès l'abord, avec la même netteté, aux yeux de tous les républicains ; tous n'ont point flairé, dès le premier jour, sous le soldat démagogue, l'aspirant dictateur. De là, les polémiques, souvent vives, dont on retrouvera nécessairement un écho dans ce petit volume. Mais aujourd'hui, la lumière s'est faite pour tous ; ceux dont la bonne foi avait été surprise, ceux qui avaient contribué à élever sur le piédestal du ministère de la guerre l'ancien courtisan du duc d'Aumale, livrent maintenant bataille, au premier rang, avec la même résolution et la même volonté de vaincre que les républicains qui avaient vu clair dès le début.

Ce qui a été écrit une fois sur les pages de l'histoire ne s'en efface pas ; mais, dans le cœur des républicains et des patriotes sincères, il ne subsiste rien des querelles d'autrefois sur le nom de M. Boulanger. Nous ne nous souvenons plus de l'heure où les uns ou les autres sont venus au drapeau ; nous y sommes tous, la main dans la main ; cela suffit, — cela suffira pour remporter une fois de plus la victoire contre les réactions coalisées.

11 janvier 1889.

LA
FOIRE BOULANGISTE

I

PREMIERS SYMPTOMES

VOYAGES ET BANQUETS

Dès le début de son ministère, M. Boulanger avait entrepris une série de tournées en province, avec banquets, discours politiques, punchs, manifestations de toutes sortes. Le dimanche 17 juin, pendant que les députés radicaux de Seine-et-Oise acclamaient son nom au pied de la statue de Hoche, M. Boulanger, à peine revenu de Limoges, avait commencé une nouvelle promenade oratoire, en compagnie de M. Granet, ministre des postes, dans le département de la Drôme.

28 juin 1886.

M. le ministre de la guerre n'a point perdu la journée de dimanche. A Versailles, il a été salué

1

du nom de « général-citoyen », de « général en qui
la République met tout son espoir » et comparé à
Hoche par deux collègues de liste de M. Vergoin ;
à Valence, il a été embrassé par un vieux proscrit
de décembre ; à Romans, M. Bizarelli lui a déclaré
que la ville qui avait l'honneur de le posséder gar-
derait le souvenir de son passage comme elle avait
gardé le souvenir de celui de Gambetta.

L'ancien lieutenant du duc d'Aumale, après de
pareils témoignages d'estime, ne peut qu'être encou-
ragé à continuer sa brillante campagne de banquets,
de punchs, de toasts et de harangues. Le général
Thibaudin, dont M. Boulanger épura si vigoureu-
sement, en d'autres temps, le cabinet ministériel,
voyageait beaucoup : c'était pour inspecter la frontière de l'Est, ses places fortes, ses moyens de défense. Le général Boulanger a changé tout cela : il
voyage pour parler politique « au nom du gouvernement » et pour être l'interprète de M. le ministre
des cultes auprès des évêques. Il y a progrès, et
nous finirons par regretter le général Thibaudin.

Que le ministre Benoîton de la guerre fasse recette
dans les banquets, je n'y trouve rien à redire. On
peut craindre seulement que les forces d'un seul
homme ne puissent suffire longtemps à cumuler
les fonctions de chef suprême de l'armée et de ténor
attitré de tous les banquets. Et l'on se demandera
s'il n'est pas temps que M. Boulanger soit invité à
opter : que dis-je, à opter ? à se réserver tout entier

pour la besogne à laquelle il semble particulièrement apte et qui lui vaut tant d'éloquentes félicitations.

L'INCIDENT SAUSSIER

Le 27 juin, à la suite d'une lettre adressée par M. le général Saussier, gouverneur militaire de Paris, au journal le
Gaulois qui avait mis en cause des officiers généraux appar-
tenant à son état-major, le ministre de la guerre avait fait
annoncer par l'agence Havas qu'il avait envoyé une lettre de
blâme au général Saussier ; on annonça aussitôt que le gouverneur de Paris avait décidé d'offrir sa démission.

30 juin.

On annonce la démission du gouverneur militaire
de Paris.

Après les incidents de ces derniers jours ; après
les propos qui ont été prêtés au ministre de la
guerre et qui n'ont pas été démentis ; après les discours tenus dans vingt banquets par le général
Boulanger et l'attitude qu'il a prise, cette démission a une signification qui n'échappera à personne.

Cette démission était désirée par le ministre de
la guerre ; elle a été provoquée. Il est impossible
que le gouvernement ne soit pas mis en demeure
de fournir des explications sur le départ d'un homme

qui est l'honneur de l'armée française et dont l'attachement à la République ne date pas d'hier.

Les républicains qui n'ont pas oublié les enseignements de l'histoire se souviennent de la destitution du général Changarnier, commandant en chef de l'armée de Paris, sous la présidence de Louis-Napoléon Bonaparte. Ils n'ont pas oublié l'interpellation qui fut adressée alors au ministère par les hommes clairvoyants de l'Assemblée. Ils n'ont pas oublié les discours qui furent prononcés dans ces graves circonstances par Thiers et par Berryer.

Le conseil des ministres, dans sa réunion du 1er juillet, refusa d'accepter la démission du général Saussier.

LES LETTRES AU DUC D'AUMALE

2 août.

Le *Figaro*, le *Soleil*, le *Moniteur universel* et le *Gaulois* publient la note et les documents suivants :

« Le *Journal de Bruxelles* a publié, il y a quel-
« ques jours, la lettre suivante, qu'il assurait avoir
« été adressée par M. le général Boulanger au duc
« d'Aumale :

Monseigneur,

C'est à la haute protection de Votre Altesse Royale que je dois ma nomination au grade de général de brigade.

Que Votre Altesse Royale daigne me permettre de lui envoyer l'expression de ma reconnaissance.

Béni sera le jour où je pourrai de nouveau servir sous les ordres de Votre Altesse Royale.

De Votre Altesse Royale, Monseigneur,

Le très reconnaissant, très respectueux et très dévoué serviteur,

Général BOULANGER.

« Plusieurs journaux, notamment la *France*, le
« *National, Paris*, le *Soir, Gil Blas*, l'*Intransi-*

« *geant*, ont démenti l'existence de cette lettre; la
« forme même de ces démentis indiquait de quelle
« source ils provenaient et par qui ils étaient inspi-
« rés. Cette lettre, cependant, a été écrite. On nous
« en communique le texte, que voici :

7° CORPS D'ARMÉE

—   Belley, le 8 mai 1880.

13° DIVISION
25° *brigade*
33° régiment d'infanterie

—

LE COLONEL

Monseigneur,

C'est vous qui m'avez proposé pour général; c'est à vous que
je dois ma nomination.

Aussi, en attendant que je puisse le faire de vive voix à mon
premier passage à Paris, je vous prie d'agréer l'expression de ma
vive reconnaissance. Je serai toujours fier d'avoir servi sous un
chef tel que vous, et béni serait le jour qui me rappellerait sous
vos ordres.

Daignez agréer, Monseigneur, l'assurance de mon plus profond
et plus respectueux dévouement.

Général BOULANGER.

A *Monseigneur le duc d'Aumale*, *à Paris.*

« Il convient de mettre en regard de cette lettre
« les paroles prononcées par le général Boulanger
« dans la séance de la Chambre des députés du
« 13 juillet 1886 :

M. LE MINISTRE DE LA GUERRE.—On me dit de ne pas répondre;
mais je ne puis me dispenser de répondre à l'honorable inter-

rupteur que je ne connais pas *et qui affirme que le duc d'Au-*
male m'a fait général.

M. DE LA ROCHEFOUCAULD, DUC DE BISACCIA. — C'est moi qui
l'ai dit.

M. LE MINISTRE DE LA GUERRE.—J'ai été nommé général lorsque
le général Wolf commandait le 7ᵉ corps d'armée et que le général
Farre était ministre de la guerre. *Je ne vois donc pas en quoi le*
duc d'Aumale a été pour quelque chose dans ma nomination.

(*Journal officiel* du 14 juillet, page 1481,
première colonne.)

3 août.

Nous avons publié hier la lettre adressée, le
8 mai 1880, par le général Boulanger au duc d'Aumale, lettre qui avait paru dimanche matin dans le
Figaro, le *Gaulois*, le *Soleil* et le *Journal des*
Débats.

Nous avons reproduit également la conversation
qu'un rédacteur du *Temps* avait eue dimanche soir
avec M. le ministre de la guerre :

Un de nos rédacteurs, disait cette note, a été reçu ce matin
par M. le ministre de la guerre, *qui lui a positivement déclaré*
qu'il n'avait pas plus écrit cette lettre que celle qui a paru
récemment dans le *Journal de Bruxelles.* Il y réfléchit depuis le
moment où la publication lui a été signalée, et il se persuade
de plus en plus que ce document est apocryphe. A la vérité, il
a envoyé plus de deux cents lettres à M. le duc d'Aumale, tandis
qu'il était sous ses ordres ; *mais il est bien certain de n'avoir*
pas adressé celle dont les journaux réactionnaires ont fait con-
naître aujourd'hui les termes.

Le journal la *France* publiait, à la même

heure, un démenti officieux, encore plus catégorique, et accompagnait ce démenti de menaces à l'adresse des journaux à qui la lettre du général Boulanger avait été communiquée :

> Nous sommes en mesure d'affirmer que cette lettre est fausse, écrivait la *France*, *qu'elle n'a jamais été écrite par le général Boulanger*; la bonne foi de nos confrères a été odieusement surprise, et nous les engageons vivement à faire une rectification que rend nécessaire le respect de la vérité.
>
> Si des poursuites judiciaires sont exercées contre le faussaire par le ministre de la guerre, il serait à craindre qu'elles n'atteignissent des journaux eux-mêmes victimes d'une indigne mystification.
>
> Nous le répétons énergiquement : *la lettre publiée par les journaux réactionnaires, et ci-dessus reproduite, est fausse; elle n'a jamais été écrite au duc d'Aumale par le général Boulanger.*

La réponse à ce double et énergique démenti de M. Boulanger ne s'est pas fait attendre.

M. H. Limbourg, qui avait été chargé par le duc d'Aumale de remettre la première épître du général Boulanger aux journaux royalistes, a adressé la lettre suivante aux directeurs de ces journaux :

Paris, 1er août 1886.

Monsieur le Rédacteur en chef,

M. le général Boulanger vient de faire démentir de nouveau, par la *France* et le *Temps*, l'authenticité de la lettre que vous avez publiée ce matin.

Comme il vous faut, vis-à-vis de vos lecteurs, un répondant de cette publication, c'est moi qui vous ai remis hier la lettre du

8 mai 1880; je vous en remets ce soir deux autres, qui la préparent et la complètent, et que je vous prie de vouloir bien publier aussi.

Je tiens à votre disposition les originaux et les photographies de ces trois lettres.

Veuillez agréer, Monsieur le Rédacteur en chef, l'assurance de mes sentiments les plus distingués.

H. Limbourg.

Voici le texte des deux nouvelles lettres du général Boulanger au duc d'Aumale :

Belley, le 3 janvier 1880.

Monseigneur,

Je n'ai d'autre appui que celui des généraux sous les ordres desquels j'ai servi.

Je viens donc vous demander de vouloir bien m'appuyer auprès de la commission de classement, dans laquelle, à beaucoup de titres, vous aurez certainement une situation prépondérante.

Je ne vous parlerai pas de mes services : vous savez qui je suis.

Je me permets seulement de vous dire que je me trouve le treizième des colonels d'infanterie proposés, à la suite de l'inspection générale de 1878, pour le grade de général de brigade, et que, si les vacances existant aujourd'hui étaient remplies, je serais à peu près le huitième.

Dans ces conditions, j'espère beaucoup, et, comptant sur votre bienveillant intérêt qui m'est si connu, je vous prie, monseigneur, d'agréer, avec la nouvelle expression de ma gratitude, l'assurance de mes sentiments les plus respectueux et les plus dévoués.

Colonel Boulanger.

Belley, 13 février 1879.

Monseigneur,

Vous quittez le commandement du 7ᵉ corps. Permettez-moi de vous dire, au nom des officiers de mon régiment et au mien,

1.

combien nous sommes peinés de perdre un chef que nous aimions, dans lequel nous avions une si grande confiance.

Soyez persuadé, monseigneur, que jamais nous n'oublierons les hautes leçons, les exemples si élevés que vous nous avez donnés, et

Daignez agréer la nouvelle assurance des respectueux sentiments et de l'inaltérable dévouement de

Votre obéissant subordonné,

Colonel BOULANGER.

Le ministre de la guerre a répondu à cette publication par la note suivante, que l'agence Havas a communiquée aux journaux :

Le *Journal de Bruxelles* a publié et un grand nombre de journaux ont reproduit une lettre ridiculement plate, soi-disant écrite en 1880 par le général Boulanger à « Son Altesse Royale monseigneur le duc d'Aumale ».

Le ministre de la guerre a opposé et continue à opposer *le plus formel démenti à cette lettre.* Quant à d'autres lettres, *formules banales de courtoisie ou de gratitude officielle,* adressées par un officier à son supérieur hiérarchique, *il est impossible au général Boulanger d'en discuter aujourd'hui les termes exacts ;* mais, renonçant au droit que l'auteur d'une lettre a de s'opposer à sa publication, il souhaite que toutes les lettres qu'il a envoyées dans ces circonstances soient *fidèlement* reproduites.

La note de l'agence Havas peut et doit être considérée comme un aveu de ce que le ministre de la guerre niait encore la veille : les lettres livrées à la publicité par le duc d'Aumale sont authentiques.

Les démentis publiés par le *Temps* et par la *France* ne portaient pas, en effet, sur la lettre qui a paru dans le *Journal de Bruxelles,* mais sur la lettre qui avait paru le matin même dans les journaux royalistes.

En définitive, il est et demeure avéré que l'officier général qui a momentanément encore l'honneur immérité de commander en chef à l'armée française a, par deux fois, en quelques jours, nié publiquement ce qu'il savait être la vérité.

M. Boulanger a dit, le 13 juillet, à la Chambre des députés : « *Je ne vois donc pas en quoi le duc d'Aumale a été pour quelque chose dans ma nomination.* »

Or, le 3 janvier 1880, le colonel Boulanger implorait *le bienveillant intérêt de monseigneur le duc d'Aumale* et son appui auprès de la commission de classement ; — le 8 mai 1880, le général Boulanger écrivait au duc d'Aumale : « *C'est à vous que je dois ma nomination.* »

M. Boulanger a déclaré dimanche soir que la lettre publiée dimanche matin par les journaux réactionnaires était fausse ; or, l'authenticité de cette lettre a été implicitement reconnue lundi soir par son auteur même, qui allègue la misérable excuse de « la gratitude officielle ».

4 août.

Les journaux royalistes, à qui M. Limbourg avait communiqué les lettres du général Boulanger au duc d'Aumale, en ont reproduit hier matin *le fac-similé photographique.*

Ce fac-similé est absolument conforme au texte des lettres qui avaient été livrées à la publicité par le duc d'Aumale et que M. Boulanger avait commencé par déclarer fausses. Comme on verra plus loin, M. Boulanger a adressé hier soir à M. Limbourg une lettre où il « déclare authentiques » les lettres dont l'authenticité, depuis la publication des *fac-similés*, n'était plus contestable.

L'attitude des journaux intransigeants d'hier matin mérite d'être signalée : pendant que le *Cri du Peuple*, le *Petit Parisien*, la *République radicale* et la *Lanterne* se contentent de reproduire la pitoyable note que l'agence Havas avait été chargée la veille de communiquer à la presse, M. de Rochefort, dans l'*Intransigeant*, prend, en ces termes, la défense du ministre de la guerre :

> Le général Boulanger serait donc bien simple de se préoccuper de tous les récits dont on émaille sa carrière. Tous ceux que *la réaction compose à son sujet* prouvent tout bonnement qu'elle le redoute. C'est le meilleur brevet de civisme qu'elle puisse lui accorder.

Si l'*Intransigeant* décerne à M. Boulanger un brevet de civisme, en revanche, la *Justice* se tait ; le journal de M. Clémenceau, bien que la présence de son directeur ait été signalée à Paris, ne soumet aux méditations de ses lecteurs ni les lettres du « colonel Boulanger », ni même la note Havas. Le silence de M. Clémenceau est-il la leçon de M. Boulanger ?

Le *Radical*, ami moins fidèle que l'*Intransigeant*, ami plus naïf que la *Justice*, publie la note de l'agence Havas, où notre confrère ne reconnaît pas un aveu, et continue à réclamer des poursuites contre M. Limbourg :

Nous persistons à croire, dit le *Radical*, que des poursuites judiciaires seraient, à tous les points de vue, préférables à des démentis qui, malgré la confiance qu'inspire le général Boulanger, laisseront toujours dans l'esprit du public des doutes *regrettables*.

Le ministre de la guerre, dont nous avons si souvent apprécié l'esprit de décision, aurait tort d'hésiter plus longtemps. Jamais il ne trouvera une meilleure occasion pour clore à jamais la bouche aux monarchistes et dévoiler leurs honteuses manœuvres.

A l'heure même où le *Radical* invitait ainsi M. Boulanger à « dévoiler les honteuses manœuvres » de ses adversaires, les journaux royalistes publiaient le fac-similé des lettres prétendues apocryphes et le *Matin* enregistrait la première confession en règle du ministre de la guerre. Dès lors, M. Boulanger ne nie plus : il avoue ; il ne menace plus ; il plaide les circonstances atténuantes....

M. le ministre de la guerre a jugé, d'ailleurs avec raison, que le plaidoyer publié par le *Matin* ne suffirait pas à lui ramener l'opinion ; il a cru nécessaire de prendre publiquement la parole et il a adressé à M. Limbourg la lettre suivante :

Paris, le 3 août 1886.

A Monsieur Limbourg.

Monsieur,

Il a été publié dans les journaux quatre lettres signées de mon nom et adressées à M. le duc d'Aumale.

Comme la première était manifestement fausse, je ne pouvais

pas reconnaître l'authenticité du texte des autres, jusqu'à la production des originaux. J'ai gardé le silence.

Aujourd'hui je déclare authentiques les trois dernières lettres que M. le duc d'Aumale vous a chargé de publier.

Je veux bien vous faire la grâce de ne pas apprécier l'acte de votre maître, ni la besogne que vous avez acceptée.

Je ne daigne pas davantage vous donner, sur le contenu de ces lettres, des explications. Vous ne pourriez pas les comprendre. Vous avez été préfet de la République pour la trahir ; je suis ministre de la République pour la servir.

Je la sers contre vous et les vôtres.

J'ai mérité votre haine ; je ne désire rien tant que de continuer à m'en rendre digne.

Quand M. le duc d'Aumale, sans tenir compte des règlements militaires, cherchait à réunir autour de lui, sous prétexte de chasses, — et dans un but qui apparaît clairement aujourd'hui, — des officiers dont beaucoup lui étaient inconnus, j'ai été chargé d'aller lui porter les représentations du ministre de la guerre d'alors : j'ai obéi.

Quand la conspiration princière m'a mis en demeure de choisir entre mon ancien chef et la République, je suis demeuré fidèle à la République.

La loi votée, je l'ai fait exécuter. Et, s'il prend jamais fantaisie aux factieux, vos amis, de passer des paroles aux actes, l'auteur des lettres au duc d'Aumale fera simplement, mais très énergiquement, son devoir contre les amis de M. le duc d'Aumale.

Général Boulanger.

M. Limbourg a répondu au ministre de la guerre par la lettre suivante :

Le destinataire de cette lettre ne fera pas à son auteur, « l'officier « général qui a, par deux fois, en quelques jours, nié publique- « ment ce qu'il savait être la vérité », la grâce de la considérer comme une provocation pouvant, aujourd'hui, être relevée.

Il se contente de la livrer à l'appréciation des hommes d'honneur et de bon sens.

H. Limbourg.

La lettre du général Boulanger à M. Limbourg rend-elle meilleure sa situation ?

M. Boulanger écrit avec une désolante naïveté « qu'il ne pouvait pas reconnaître l'authenticité des lettres (publiées par M. Limbourg) jusqu'à la production des originaux ». Les originaux une fois produits, les fac-similés une fois publiés, M. Boulanger renonce à « déclarer positivement qu'il n'a pas plus écrit la lettre publiée dimanche matin par les journaux royalistes que celle qui a paru dans le *Journal de Bruxelles* » (*Temps* du dimanche 1ᵉʳ août); il n'affirme plus que « ladite lettre n'a jamais été écrite par lui » (*France* du dimanche 1ᵉʳ août). Il n'a plus le choix qu'entre deux partis : dire au duc d'Aumale qu'il a commis un faux ou se résigner à la véracité. Il se résigne au second parti. Une fois qu'il ne peut plus nier et faire menacer la presse de poursuites judiciaires, il avoue.

M. Boulanger, qui *doit sa nomination de général* au duc d'Aumale (lettre du 8 mai 1880 reconnue authentique par la lettre du 3 août 1886 qui annule l'affirmation solennelle du 13 juillet 1886 à la tribune de la Chambre des députés), M. Boulanger ne désire plus à cette heure que « de continuer à se rendre digne de la haine » du chef sous les ordres duquel il aspirait, avec tant de pieuse ardeur, « à servir de nouveau ». C'est fort bien. Mais cette haine, où aspire maintenant M. Boulanger, appartient à la même *catégorie*, si l'on peut dire, que son aveu. M. Boulanger n'a plus autre chose à espérer que cette haine. Cette haine, c'est maintenant la carte forcée. M. Boulanger peut-il opter ?

M. Boulanger se félicite d'avoir *obéi* au ministre qui l'avait envoyé porter ses représentations à Chantilly, à l'époque où M. le duc d'Aumale, — « dans un but qui n'apparaît clairement qu'aujourd'hui » à M. Boulanger, — réunissait autour de lui « des officiers dont beaucoup lui étaient inconnus ». M. Boulanger s'est-il fait de la désobéissance une si douce habitude, qu'il croit mériter les honneurs du Capitole pour avoir *obéi* à son ministre, sans doute à ce même général Thibaudin dont il liquida plus tard, avec tant de zèle, le cabinet militaire ? Et M. Boulanger n'est-il allé que cette fois-là à Chantilly ? Ou bien serait-ce ce jour-là qu'il a déjeuné — ou dîné — chez le duc d'Aumale avec M. Lambert de Sainte-Croix ? qu'il a tenu à cet agent de la faction orléaniste le discours suivant que rapporte le *Gaulois* et qui n'a pas encore été démenti :

— Connaissez-vous le général Boulanger ?

— Je l'ai beaucoup connu. Je me rappelle qu'un jour nous avions déjeuné ensemble chez M. le duc d'Aumale, à Chantilly. En rentrant à Paris, par le chemin de fer, nous nous trouvâmes seuls dans le même compartiment. Le général ne tarissait pas en éloges sur le duc d'Aumale, en protestations de dévouement et de fidélité. Puis la conversation tomba sur la politique : « Je serai peut-être un jour républicain, me dit le général ; mais je ne varierai jamais au point de vue religieux : je resterai un bon et fervent catholique. »

Enfin M. Boulanger déclare, dans le style rodomont qui lui est particulier, que « l'auteur des lettres au duc d'Aumale », dans le cas d'une insurrection orléaniste, est prêt « à faire son devoir contre les amis de M. le duc d'Aumale ». En vérité, est-ce que M. Boulanger se croit déjà tellement suspect au parti républicain qu'il juge indispensable d'affirmer, lui qui n'a jamais affirmé en vain, que, le cas échéant, il ne trahirait pas ses devoirs et ne pactiserait pas avec les rebelles ?

5 août.

La *Justice* s'est décidée à mettre sous les yeux de ses lecteurs les différentes pièces de l'affaire Boulanger.

Le journal de M. Clémenceau n'accompagne cette publication d'aucun commentaire.

Le *Radical* renonce à demander des poursuites contre la presse et contre M. Limbourg.

CABOTINAGE

16 août.

M. de Freycinet vient de passer quarante-huit heures à Paris. S'il s'est promené pendant quelques instants sur le boulevard, — comme tout président du conseil, à l'exemple de Haroun-al-Raschid, devrait faire une ou deux fois par semaine, — il a dû entendre, tous les cinq pas, un camelot lui crier aux oreilles, avec les *Aventures de la baronne d'Ange*, le « général Boulanger illustré ». Puis, pour dix centimes, il a pu acheter, avec la biographie de son collègue, une série de chromolithographies représentant le citoyen-ministre de la guerre saluant le peuple souverain, les troupes du Tonkin défilant devant M. Boulanger *seul*, — M. le président de la République, le général de Négrier, le général Brière de l'Isle ayant été escamotés comme des muscades, — des épisodes de la guerre de 1870 et de la répression de la Commune où il n'y en a que pour le correspondant du duc d'Aumale, etc.

Si M. le président du conseil a poussé ensuite la curiosité jusqu'à parcourir la brochure qui sert de commentaire à ces chromos, il a pu lire d'abord dans ce prospectus que M. Boulanger « a l'œil bleu, « vif et clair, le nez d'un dessin très pur, la barbe « blonde, une bouche qui sourit rarement et le front « très large, entouré de cheveux châtains. » Enfin, après cette réclame, digne à peine d'un écuyer de Franconi qui veut séduire des bonnes d'enfants, M. le président du conseil a pu s'arrêter, non sans quelque surprise, aux lignes suivantes :

Au milieu des événements qui, à juste titre, préoccupent si vivement tous ceux qu'intéressent l'avenir de notre armée et celui du pays, la foule acclame d'instinct l'homme qu'elle sent en possession d'une volonté forte, capable de maintenir intacts, envers et contre tous, *les principes qui ont toujours été notre sauvegarde et notre salut.*

Bien des défaillances ont, depuis quelques années, étonné le pays ; bien *des principes, destructeurs des bases de la propriété et de la famille, se sont cyniquement affichés :* bien des prétentions, subversives de toute hiérarchie sociale et politique, se sont fait jour.

Quoi de plus naturel alors que de réagir contre ces funestes tendances, en contradiction avec l'esprit libéral dont sont animés ceux qui, comme le général, aiment vraiment leur pays et le peuple ? et faut-il s'étonner, outre mesure, de voir la foule donner libre carrière à l'expression des sentiments dont elle est animée en reportant sur celui qui personnifie l'armée, aujourd'hui intimement liée à la nation entière, les marques de confiance et d'affection qu'elle professe pour celle-ci, synthétisant à ses yeux l'idéal à la recherche et à la possession duquel l'immense majorité du peuple français a toujours été attachée, *c'est-à-dire l'ordre dans la liberté.*

Après sa rencontre avec M. de Lareinty et le coup raté du pistolet tiré en l'air, M. le ministre de la guerre avait annoncé à ses officiers que, « désormais, on allait travailler (1) ».

Si c'est ainsi que M. Boulanger entend « son travail », il est temps que M. le président du conseil avise.

M. de Freycinet a été, à Tours et à Bordeaux, le délégué de Gambetta au ministère de la guerre ; il a le sentiment des choses de l'armée ; il ne peut éprouver qu'une profonde répugnance pour un cabotinage éhonté, qui scandalise les moniteurs mêmes du cabotinage.

Quant aux belles phrases sur « les principes qui ont toujours été notre sauvegarde et notre salut », sur « les principes destructeurs des bases de la propriété et de la famille », sur « la hiérarchie sociale et politique », etc., nous osons demander à M. Clémenceau, inventeur breveté de M. Boulanger, ce qu'il en pense.

20 août.

L'agence Havas a communiqué avant-hier soir aux journaux la note suivante :

Un journal du soir a publié, en dernière heure, une information d'après laquelle le ministre de la guerre aurait adressé

---

(1) Une dépêche, affichée au cercle militaire, avait annoncé que M. Boulanger, dans son duel avec M. de Lareinty, avait tiré en l'air ; le pistolet de M. Boulanger avait simplement raté.

aux journaux une note établissant un rapprochement entre un entre-filet du journal la *République française* et un autre entre-filet du journal le *Petit Caporal.*

Il n'y a absolument rien de fondé dans cette nouvelle, le ministre de la guerre n'ayant adressé à ce sujet de note à aucun journal.

Voici l'information qui avait paru, avant-hier soir, dans *Paris* et que vise la note de l'agence Havas :

M. le général Boulanger continue le cours de ses exploits. N'ayant visité ce matin aucun hôpital, assisté à aucune opération, essuyé aucune ovation, il s'est dit que la journée ne pouvait se passer comme cela, sans qu'il fût question de lui, et voici la note qu'il adresse aux journaux :

« Le *Petit Caporal* dénonce ce matin M. Reinach comme étant « l'auteur de la biographie du général Boulanger.

« D'autre part, la *République française* demande instamment « que l'auteur de cette biographie se fasse connaître.

« Le rapprochement des deux notes est curieux. »

Ce qui est curieux, c'est de voir M. le ministre de la guerre porter ainsi contre un directeur de journal républicain l'accusation à peine voilée d'être l'auteur d'une brochure dont ce même publiciste flétrit chaque jour les tendances et dénonce l'incorrection.

Ce qui est curieux, c'est de voir le chef de l'armée française s'abaisser jusqu'à cette polémique et chercher des arguments dans les organes, comme le *Petit Caporal*, les plus résolument ennemis de la République.

M. le général Boulanger n'est pas heureux dans ses manifestations écrites. Cela devrait l'engager à se renfermer étroitement dans le cercle de ses attributions militaires.

Mais il est peut-être bien tard pour qu'il s'y résigne.

Si l'insinuation ridicule et diffamatoire qui me visait n'avait pas été désavouée, le soir même, par le ministre de la guerre, je lui aurais opposé, à cette place, hier matin, un formel démenti. Après la note de l'agence Havas, il m'avait paru superflu de démentir le *Petit Caporal* et il me paraît aujourd'hui tout à fait inutile de répondre à l'*Événement* qui croit servir avec intelligence les intérêts du général Boulanger en reprenant pour son compte, malgré le désaveu ministériel, une misérable insinuation.

Quant à notre confrère *Paris*, il maintient son information en ces termes.

Une fois de plus, **M.** le ministre de la guerre méconnaît gravement la vérité.

La note que nous avons publiée — et commentée — en disant qu'elle était communiquée par le ministre de la guerre aux journaux, a été en effet *dictée* hier, vers midi, aux reporters envoyés dans ses bureaux.

Nous ne sachions pas qu'il y ait de meilleur moyen pour « communiquer » une note que de la faire écrire, *sous la dictée*, aux représentants de la presse.

Il est vrai que les journaux, trouvant sans doute singulière cette polémique ministérielle, s'abstinrent, pour la plupart, de la reproduire... Il n'en reste pas moins que M. le général Boulanger, qui commettait hier une inconvenance en établissant le rapprochement que nous avons signalé, commet aujourd'hui une inexactitude en contestant les faits les mieux établis.

Je n'ai pas à intervenir dans le débat. En ce qui me concerne, l'agence Havas m'ayant épargné la peine d'infliger à une accusation inepte un démenti catégorique, je m'en tiens au désaveu ministériel.

24 août.

Le journal la *France* a publié, dimanche soir, une note développée sur la brochure *la Biographie illustrée du général Boulanger.*

Le texte de cette brochure, dit la *France*, a paru dans le numéro du samedi 1ᵉʳ octobre 1881 du *Paris. Journal*, organe royaliste dirigé par M. Henri de Pène, actuellement rédacteur en chef du *Gaulois.*

L'article a été fait à l'occasion de l'envoi du général Boulanger aux États-Unis. Le général devait représenter le gouvernement français aux fêtes du centenaire de Yorktown.

Il va sans dire que l'article du *Paris-Journal* a été « mis au point » avant de devenir la « Biographie illustrée du général Boulanger ».

La *France* reproduit sur deux colonnes les textes similaires de l'article de 1881 et de la brochure de 1886 et conclut « qu'il suffira de soumettre ces deux textes aux méditations de ceux de ses confrères qui ont cru que le ministre de la guerre était pour quelque chose dans la publication de cette brochure ».

Nous nous permettons de signaler à la *France* un troisième texte, également similaire, de la biographie du général Boulanger. Reproduction revue et corrigée de l'article élogieux et même lyrique du

Paris-Journal, cette troisième variante de la biographie, la deuxième dans l'ordre chronologique, a
été répandue à profusion, il y a dix-huit mois ou
deux ans, en Tunisie.

L'auteur de la brochure (M. Pech de Cladel,
d'après l'*Intransigeant*) poursuit décidément le général Boulanger d'une haine tenace. En Amérique,
en Tunisie, sur le boulevard, cette biographie suit
le général comme son ombre. C'est une douloureuse obsession.

PETITES QUERELLES

30 décembre 1886.

Depuis le jour où, par un simple décret, M. le général Boulanger avait rayé des cadres de l'armée
les princes de la famille Bonaparte et ceux de la
famille d'Orléans, le monde réactionnaire n'avait
pas été aussi vivement ému. — Les princes auraient-
ils été les victimes de quelque nouvelle mesure de
rigueur ? — Vous n'y êtes point; c'est de l'article
de l'*Intransigeant* qu'il s'agit, du violent réquisitoire de M. Rochefort contre M. le général Boulanger.

Tant que M. Rochefort se contentait de diffamer
les républicains, militaires ou civils, qui avaient
rendu à la patrie d'incontestables services, la réaction souriait agréablement à son écrivain favori et
battait des mains. Le rédacteur de l'*Intransigeant*
s'en prend aujourd'hui à M. le général Boulanger;

il dénonce au peuple la grande trahison de M. le ministre de la guerre. Un long cri de douleur traverse la presse bonapartiste, et nombre d'orléanistes font écho.

Pourquoi ce subit et bruyant enthousiasme des plus hardis décembraillards et des philippistes les plus timorés pour M. le général Boulanger? C'est ce qui ne paraît pas encore bien clair. Quant aux causes de la grande colère de M. Rochefort contre le ministre de la guerre, le virulent pamphlétaire les donne avec la plus brutale franchise. Il paraît que M. le général Boulanger remplace à la tête de nos troupes des officiers républicains par des officiers réactionnaires.

Comme nous n'avons eu connaissance de la mise à la retraite, pour des raisons étrangères au service, d'aucun officier républicain, nous présumons que M. le général Boulanger aura eu simplement le tort de donner un jour, par hasard, préférence à tels officiers soupçonnés par M. Rochefort de tiédeur intransigeante sur tels officiers recommandés par M. Laguerre ou M. Michelin.

De quels officiers s'agit-il? Nous l'ignorons. Et, à vrai dire, cela nous est parfaitement égal. Nous n'admettons pas qu'un officier de l'armée française puisse manifester impunément, même en paroles, contre le gouvernement de son pays. Nous n'admettons pas davantage que les politiciens prétendent sonder le cœur de nos soldats. Nous demandons aux hommes qui ont l'honneur de porter l'uniforme un service loyal : nous ne leur demandons pas autre chose, comme nous ne demandons au ministre de la guerre que d'être, avec intelligence et zèle, un ministre de la guerre. Un écrivain autorisé nous affirmerait que le général Boulanger donne le pas sur de bons officiers à de mauvais officiers : nous en serions vivement alarmés et nous ne cacherions pas nos inquiétudes. M. Rochefort prétend que le ministre de la guerre favorise aujourd'hui les officiers qui sont suspects à l'intransigeance : cela ne nous touche pas et cela ne touchera aucun de ceux qui ont le souci de l'honneur et des intérêts de l'armée.

Cela nous touche d'autant moins qu'il ne nous souvient point que M. Rochefort ait protesté le moins du monde le jour où M. le général Boulanger a paru vouloir frapper M. le général Saussier. On n'a pas, sans doute, oublié l'incident : au mois de juin dernier, après avoir coup sur coup usé d'une sévérité qui a paru excessive contre le général Schmitz et avoir relégué dans « les honneurs obscurs » des officiers généraux du plus rare mérite, M. le ministre de la guerre fit annoncer un jour qu'il allait pourvoir au remplacement du gouverneur de Paris. C'est un républicain, celui-là, un républicain de la veille, l'un des plus fermes et des plus loyaux républicains en même temps que l'une des gloires les plus pures de notre armée. Or, qui réclama ce jour-là? Ce ne fut pas, croyons-nous, M. Rochefort. Le rédacteur de l'*Intransigeant* approuvait au contraire. Ce fut la *République française* qui protesta, qui s'opposa à la mesure annoncée avec la dernière véhémence, avec une passion du bien public que nous ne rappelons pas sans quelque satisfaction.

Donc le second cri d'alarme de M. Rochefort nous laisse aussi indifférent que le premier. Quant à M. le ministre de la guerre, il est assurément inutile de lui rappeler cette noble parole de Camille Desmoulins : « Il est des hommes par qui il vaut mieux être pendu que loué. »

Est-ce à dire que le seul fait d'avoir été un peu trainé dans la boue par le rédacteur de l'*Intransigeant* suffise à amnistier M. le général Boulanger des graves reproches que nous avons eu le regret de devoir formuler, à plusieurs reprises, contre le ministre actuel de la guerre ? De grands services rendus à la cause de la défense nationale peuvent seuls racheter ces erreurs. Mais c'est déjà quelque chose, il faut l'avouer, que le ministre de la guerre de la République française ne puisse plus passer, depuis avant-hier, aux yeux de l'Europe, pour le protégé de l'*Intransigeant*.

FOURCHES CAUDINES

9 janvier 1887

On n'a pas oublié l'article de l'*Intransigeant* — il ne date que du 28 décembre dernier — où M. Rochefort dénonçait les projets de M. le général Boulanger. « N'ayant à son actif aucune victoire signalée, disait le rédacteur en chef de l'*Intransigeant*, il ne vaut auprès du peuple que par la confiance qu'il lui inspire. »

Il paraît que la confiance est revenue, car M. Rochefort, dans l'*Intransigeant* d'hier, célèbre de nouveau M. le général Boulanger avec un véritable lyrisme. Le 28 décembre, M. le ministre de la guerre conspirait avec les bonarpatistes. Aujourd'hui, il paraît que M. Grévy conspire contre « le jeune général » qui a été trop acclamé, le 1er janvier « sur le passage du char présidentiel. »

Il faut défendre la République « contre les coquins », conclut M. Rochefort, et il voit déjà « la tête de M. Ferry promenée au bout d'une pique » à travers les rues de Paris.

M. le général Boulanger préfère décidément être loué que pendu par l'*Intransigeant*. On ne discute ni des goûts ni des couleurs. On aimeraitcependant à savoir par quels actes, à défaut de victoire signalée, M. le ministre de la guerre a mérité de nouveau les bonnes grâces de l'*Intransigeant*.

Sous quelles fourches caudines a-t-il passé?

21 janvier.

L'*Intransigeant* a publié, hier matin, un abominable article de guerre civile. A propos d'un amendement de M. Andrieux, « qui est cependant très hostile à la bande ferryste, » M. Henri Rochefort raconte qu'un complot contre le général Boulanger a été ourdi par M. Jules Herbette, ambassadeur de la République à Berlin, par M. Raynal, M. Cochery et M. de Freycinet, et il conclut en ces termes qu'il faut citer :

Que la popularité dont jouit le général Boulanger exaspère les ambitieux qui se sont donné tant de peine pour arriver, en définitive, à se faire accabler de pommes cuites, nous n'y pouvons rien ; mais nous n'hésitons pas à leur déclarer *qu'ils risqueraient une forte partie,* s'ils osaient toucher actuellement à la situation du seul ministre qui, *depuis 1873 et même auparavant,* ait jamais eu pour lui l'opinion publique.

Le soir même du jour où il serait renversé par une coterie sur une question préparée tout exprès pour le mettre en échec, les meneurs de l'opportunisme et leurs complices de l'Élysée peuvent être sûrs que vingt mille hommes parcourraient les boulevards en criant :

« A bas les traîtres! » et : « Vive Boulanger! »

S'ils tiennent à augmenter du double cette popularité qui les inquiète si fort, ils n'ont qu'à essayer d'éliminer celui qui en est l'objet. *Nous savons que si vingt ou trente mille Parisiens réclamaient la réinstallation du général, comme ils ont jadis réclamé celle de Necker, il y a la troupe pour mettre à la raison les réclamants. Seulement, est-il bien établi qu'elle ne passerait pas de leur côté?* Voilà ce qu'il serait important de savoir et ce que, *malheureusement*, personne ne sait.

Nous ne ferons pas à un officier de l'armée française l'injure de supposer une minute qu'il ait pu lire sans indignation et sans dégoût un pareil article. Mais, en présence des commentaires que ce factum inspire aux feuilles de la réaction, cette conviction ne suffit pas.

« Reste à savoir, écrit la *Gazette de France*, si M. le ministre de la guerre protestera contre le flatteur témoignage de confiance que lui décerne le directeur de l'*Intransigeant*. Nous n'avons pas la naïveté de l'espérer. »

Nous tiendrons un autre langage.

Puisque la presse royaliste suppose, puisqu'elle s'apprête à accréditer le bruit que M. le ministre de la guerre n'a point repoussé comme une suprême injure l'article de l'*Intransigeant*, il est nécessaire, il est indispensable que M. le général Boulanger, par un des nombreux moyens dont il dispose, repousse, condamne, flétrisse publiquement cette odieuse provocation à la guerre sociale et à la rébellion militaire.

M. le ministre de la guerre se le doit à lui-même, à l'armée dont il est le chef, au gouvernement de la République dont il fait partie.

L'Agence Havas resta muette. L'article de l'*Intransigeant* est du 20 janvier; la veille, M. Boulanger avait dîné chez M. Rochefort en compagnie de MM. Clémenceau et Laguerre.

L'ÉCOLE POLYTECHNIQUE

16 Mars.

L'École polytechnique n'a jamais tant fait parler d'elle : depuis que la commission de l'armée s'est occupée du projet du ministre de la guerre, la presse discute avec une vivacité passionnée les mérites de l'École, les services qu'elle a rendus, l'intérêt qu'offre son existence et les avantages au moins problématiques qui résulteraient de sa suppression. M. le Ministre de la guerre est lui-même entré dans ce débat.

L'École polytechnique est essentiellement une création démocratique: elle a été le premier, le plus puissant effort de la Révolution, quand elle consacrait le principe de l'égalité de l'instruction. Animée d'un esprit vraiment libéral, l'École est demeurée, pendant ce siècle, l'asile des penseurs originaux, indépendants, et, selon le mot de Monge, le temple de la discussion philosophique. Napoléon Ier le sentait si bien que, dès 1810, il essayait d'imposer à l'École un caractère exclusivement militaire ; il n'y réussit pas, le général lui-même qui commandait l'École tint bon. En 1855, Napoléon III se heurta au même refus ; il essuya même une défaite qui lui fut particulièrement sensible : il avait exigé qu'un fils d'une dame d'honneur de l'impératrice figurât sur la liste d'admission, bien qu'il n'eût été classé que le 152e et qu'il n'y eût que 150 élèves reçus. Le général opposa son veto, offrit sa démission ; le conseil de perfectionnement éleva la voix. L'empereur, effrayé, recula devant un tel scandale. L'École sauvait son autonomie, restait fermée aux intrigues de la cour et se remettait à préparer des citoyens fiers, des soldats disciplinés et des savants.

Mais ce n'est point de cela — à moins que ce ne soit précisément de cela — qu'il s'agit : le ministre de la guerre, en tous cas, ne s'attarde pas à juger la qualité des services rendus par l'École polytechnique ; il propose une transformation radicale de l'armée ; il veut recruter désormais son corps d'officiers dans la troupe. On ne deviendra officier qu'en s'engageant, en portant l'uniforme de soldat, en couchant dans la chambrée. Puis, les jeunes gens bien notés pourront entrer dans les écoles normales militaires, d'où ils sortiront enfin avec le brevet de sous-lieutenant. Que vaut cette réforme au point de vue militaire ? A quoi bon le chercher ? C'est bien la dernière préoccupation de M. le général Boulanger! La réforme affecte un caractère égalitaire, un aspect démocratique: cela suffit. On confond le nivellement avec l'égalité, et là-dessus, pour mériter on ne sait quelles félicitations, on prive l'armée de sa principale force, on diminue de parti pris, sans motif, la valeur du corps d'officiers, on porte une main imprudente sur le patrimoine national.

Gambetta, quand il visitait l'École, en 1881, disait aux professeurs et aux officiers de l'état-major: « Soyez certains que je défendrai votre École « envers et contre tous. C'est grâce au concours « des polytechniciens que j'ai organisé la défense « en 1870; la France serait bien ingrate si elle né- « gligeait jamais de pareils souvenirs. » Mais Gam-betta n'était qu'un civil et, par conséquent, il s'inquiétait de savoir où chercher les officiers qui construisent des forts, qui inventent des canons, qui risquent leur vie pour rendre pratique l'usage des substances explosives. M. le général Boulanger, lui, a d'autres préoccupations : il estime que Bona-parte et de Moltke ont perdu leur temps à étudier les mathématiques et il ne se soucie pas de savoir s'il faut avoir reçu une instruction supérieure pour élaborer les règlements sur le tir.

De là le projet de M. le ministre : de là l'incident d'hier. S'inspirant de ces diverses considérations, la Commission de l'armée a revendiqué énergique-ment les droits acquis par l'École polytechnique;

elle a fait voir que cette sélection accusée par quelques adversaires naturels de l'École s'exerce au profit de l'armée de la nation; elle n'a pas consenti à amoindrir les prérogatives de l'École, elle les a étendues, en décidant qu'elle fournirait des officiers à l'infanterie et à la cavalerie. La Commission espérait sans doute que M. le ministre de la guerre se résignerait volontiers à conserver une École d'où sont sortis tant d'illustres et vaillants capitaines. Elle s'est trompée : M. le général Boulanger entend défendre intégralement son projet, et, comme il y avait pas mal de temps que sa prose n'avait paru dans les journaux, il a adressé à M. de Mahy qui préside la Commission de l'armée, mais après l'avoir au préalable communiquée à toutes les gazettes du soir, la lettre suivante :

Monsieur le président,

J'ai l'honneur de vous prier de bien vouloir faire remettre à chacun de messieurs les membres de la Commission de l'armée un exemplaire des notes ci-jointes, touchant le rôle que, conformément à ses vieilles traditions, je me propose de restituer à l'École polytechnique.

Je saisis cette occasion pour jeter un coup d'œil d'ensemble sur le principe même des écoles.

Je ne pensais pas qu'un désaccord pût surgir entre la majorité de la Commission et moi sur les principes primordiaux de l'organisation d'une armée républicaine. Je ne prévoyais pas que j'aurais à combattre, devant cette majorité, les errements essentiellement monarchiques qui ont fait dévier jusqu'à ce jour nos écoles militaires de la voie qui leur avait été tracée par leurs illustres fondateurs.

C'est à tort que l'on a employé les mots de suppression des

écoles; c'est leur relèvement qu'il eût fallu dire, relèvement que je crois impossible en dehors d'une sélection prudemment, mais résolument pratiquée.

Il convient, avant d'aborder ces questions, de se bien pénétrer de l'idée que les armées d'hier, à effectifs restreints, ont fait place aux armées modernes composées de l'universalité des citoyens, et que les petites églises ne peuvent qu'altérer le caractère démocratique de nos institutions militaires.

Avec le système en vigueur, il suffit à un jeune homme de dix huit-ans, plus ou moins saturé de connaissances forcément indigestes, d'être reconnu à peu près apte au service pour obtenir, en fait, la situation d'officier, et pouvoir parvenir ensuite, sans sélection sérieuse, aux plus hauts grades de l'armée.

Le projet de loi divise l'instruction militaire en trois degrés.

Le premier degré représente, en quelque sorte, l'instruction élémentaire suffisante pour les grades inférieurs, et dont on est bien obligé de se contenter aujourd'hui pour tous les officiers qui ne sortent pas de l'École, et pour ceux, bien plus nombreux encore, de la réserve et de l'armée territoriale.

Le second degré constituera l'instruction secondaire militaire donnée dans les écoles d'application à un nombre d'officiers plus restreint et correspondra aux études actuellement suivies à l'École spéciale militaire.

Saint-Cyr n'est donc point supprimé, mais pour ainsi dire déplacé dans le cours de la carrière et mis à la seule portée des officiers destinés à devenir des officiers supérieurs.

Enfin, l'École supérieure de guerre formera le troisième degré et ouvrira, en réalité, les portes aux officiers généraux. La communauté d'origine sera ainsi réalisée, non pas par diffusion comme cela paraît être *à priori*, mais par sélection.

Car, parmi les nombreux officiers qui n'arriveront pas aux écoles d'application se trouveront non seulement ceux qu'une forte instruction préalable n'aura pas préparés à ces écoles, mais encore ceux qui, ayant reçu cette instruction, n'auront point l'intention de poursuivre la carrière militaire, et le chiffre en augmentera chaque jour avec le service obligatoire pour tous et la suppression de l'engagement conditionnel.

Je crois devoir, en terminant, monsieur le président, revenir sur ce point : c'est qu'il convient, pour examiner le projet de loi organique, de ne point perdre de vue que ce projet est basé sur des données entièrement différentes de celles qui ont présidé à l'organisation actuelle de l'armée et, d'ailleurs, aujourd'hui acceptées par tout le monde.

Ce sont : la réduction de la durée du service rendu obligatoire ; la suppression de l'engagement conditionnel ; l'introduction d'éléments nouveaux dans les armées modernes par l'admission des officiers de réserve et de l'armée territoriale.

J'ajouterai que c'est seulement dans les vrais principes démocratiques que nous trouverons le ressort indispensable aux masses qui constituent les armées nouvelles.

Veuillez agréer, etc.

Général Boulanger.

On peut apprécier, en deux mots, cette nouvelle lettre de M. le général Boulanger : il n'en a jamais signé qui lui fasse moins d'honneur. Communiquer à la presse une lettre que le président de la plus importante des commissions de la Chambre n'a point encore reçue, c'est une façon nouvelle de comprendre les convenances parlementaires : la commission n'a point caché ses sentiments à cet endroit. Bagatelle cependant !... Quoi ! voilà un ministre de la guerre qui a pour seul devoir et pour seule mission de défendre les intérêts de l'armée nationale, et, dans une question comme celle de l'École polytechnique ! il ne parle que politique, Et quelle politique ! L'École est un legs de la Révolution et l'année dernière, sur deux cent trente élèves qui furent admis, cent soixante avaient obtenu des bourses ! « Machine aristocratique », dit

M. Boulanger sans souci de la réalité, avec la seule préoccupation de rabaisser — et pour faire plaisir à qui ! — une École où pour entrer il faut plus d'intelligence et de savoir que d'intrigue. Au temps où l'on pensait que ce qu'il faut à l'armée, c'est des officiers instruits, savants, probes, dévoués tout entiers au devoir, on pensait que l'École avait rendu à notre armée nationale d'admirables services. M. Boulanger a changé tout cela ; c'est sur les vrais principes démocratiques qu'il compte pour « donner le ressort indispensable aux masses qui constituent les armées nouvelles. » Ces vrais principes, est-ce M. le duc d'Aumale, M. Clémenceau ou M. Rochefort qui les lui a enseignés ?

Nous ne demanderons pas si M. le général Boulanger a communiqué au préalable à M. le président du conseil la lettre inconvenante qu'on vient de lire : M. Boulanger rirait ; il écrit ce qui lui passe par la tête, il fait ce qu'il lui plaît. Les ministres, le président du conseil, le Parlement, le président de la République n'ont qu'à se renseigner dans les journaux.

II

A CLERMONT-FERRAND

CRISE MINISTÉRIELLE

Le cabinet Goblet, qui avait succédé au ministère Freycinet au mois de décembre 1886 et dont M. Boulanger avait continué à faire partie, tomba le 18 mai 1887 dans la discussion du projet de budget présenté par M. Dauphin. M. de Freycinet, chargé de constituer un cabinet, déclina sa mission après vingt-quatre heures de négociations. Le président de la République appela M. Rouvier, qui commença aussitôt des négociations et ne cacha pas son intention de remplacer M. Boulanger. Ces premières négociations échouèrent, et M. Grévy manda M. Floquet. Une élection avait lieu le dimanche 20 mai dans le département de la Seine; M. de Rochefort posa la candidature de M. Boulanger et annonça que les employés du ministère de la guerre signaient une pétition pour le maintien du général Boulanger dans ses fonctions.

DÉMENTI NÉCESSAIRE

23 mai.

Certains journaux publient une prétendue pétition des employés du ministère de la guerre qui « forment les vœux les plus ardents » pour que M. le général Boulanger « soit maintenu par M. le président de la République dans les fonctions qu'il occupe ».

Cette pétition, disent les journaux en question, serait revêtue de 324 signatures.

Le général Boulanger occupe toujours le ministère, où, suivant la coutume, il expédie les affaires courantes.

Si la pétition dont il s'agit a été vraiment rédigée et signée, il est donc impossible qu'il n'en ait pas connaissance. En ayant eu connaissance, il serait inexplicable qu'il ne l'eût pas immédiatement arrêtée, et qu'il n'eût pas pris contre les signataires les mesures que réclameraient également la discipline et le respect des prérogatives constitutionnelles de M. le président de la République.

Lorsque des faits de ce genre sont allégués publiquement, il faut qu'on sache d'une façon positive s'ils sont vrais ou faux.

Le général Boulanger est personnellement intéressé, plus que tout autre, à faire la lumière sur cet incident.

On attend de lui soit un démenti formel, soit la décision nécessaire qui doit être immédiatement prise contre des fonctionnaires si gravement oublieux de leurs devoirs.

24 mai.

L'agence Havas publie la note suivante :

On a dit qu'une pétition, revêtue d'un grand nombre de signatures et exprimant des vœux pour le maintien aux affaires du général Boulanger, avait été remise au ministre de la guerre par le personnel civil de l'administration centrale.

Le ministre ignore si cette pétition existe ou non ; il ne l'a pas reçue et, le cas échéant, il ne pourrait l'accueillir.

Il est assez curieux que le général Boulanger ignore la manifestation de trois cent vingt-quatre employés de son ministère et que la *Lanterne* soit mieux informée que lui.

M. le général Boulanger ajoute que, le cas échéant, il ne pourrait accueillir la pétition : — d'abord, elle ne lui est pas adressée ; elle est adressée au président de la République.

Mais voilà tout ce que le général Boulanger trouve à dire ! La seule mesure qu'il entrevoit c'est celle-là : « ne pas accueillir » une pétition dans laquelle des employés de ses bureaux mettent le chef de l'État en demeure de le garder pour ministre !...

LE POUVOIR CIVIL

25 mai.

Eh bien, oui ! il existe une question Boulanger.

Nous qui sommes et qui resterons, quoi qu'il advienne, les défenseurs des institutions libres, du régime représentatif dont le régime plébiscitaire est l'antipode, de la suprématie du pouvoir civil, nous devons constater ce fait : il existe une question Boulanger.

Depuis dix-sept années que la France est en République, nous avons eu des ministres de la guerre qui avaient nom Le Flô, Berthault, Gresley, Borel, Farre, Campenon, Thibaudin, Billot, Lewal, — dont quelques-uns avaient été des proscrits de Décembre, qui tous avaient gagné héroïquement leurs grades sur les champs de bataille de l'Afrique, de la Crimée, de l'Italie, de la Lorraine et de la Loire, — et lorsque tombait le cabinet dont ils faisaient partie, tous accueillaient avec respect la décision des Chambres ; tous, dans la stricte observation du devoir professionnel, attendaient le décret du président de la République qui les relèverait de leur fonction ou qui les maintiendrait à leur poste.

Nous n'en sommes plus là. Nous en sommes venus là que, dans notre démocratie républicaine, dans ce pays où la destinée, l'implacable destinée qui n'est que la logique, a répondu par trois invasions à ceux qui n'avaient pas cru à la vérité de la parole fameuse : « France, guéris-toi des individus ! » — il se trouve des hommes qui prétendent imposer au chef de l'État, dont la prérogative constitutionnelle ne serait plus alors que le plus misérable des mensonges, aux Chambres librement élues qui représentent le pays, le maintien de M. le général Boulanger au ministère de la guerre.

M. le général Boulanger serait désigné par vingt victoires, il serait Bonaparte après Arcole ou Kellermann après Valmy, nous ne parlerions pas autrement.

S'il est un principe de gouvernement qui a été posé avec force par la Révolution française, c'est celui de la suprématie du pouvoir civil.

Devant ce principe s'inclinaient des hommes, des soldats, des héros qui ne s'appelaient que Hoche, Marceau, Kléber, Desaix, Masséna...

Ce principe, oui ou non, faut-il le rayer de la table de nos lois ?

Oui cu non, sommes-nous la République française ou je ne sais quelle République hispano-américaine?

Nous ne faisons pas ici le procès de M. le général Boulanger; nous ne discutons pas ici ses titres militaires. — Qu'il ait toutes les vertus, qu'il n'en ait aucune, la question posée reste la même. — Nous ne constatons que ce fait :

Dimanche dernier, inspirée par deux journaux intransigeants, alimentée pour une part considérable par les voix des quartiers bonapartistes, une manifestation à caractère plébiscitaire a sommé le chef de l'État de maintenir le général Boulanger au ministère de la guerre.

Nous ne voulons pas savoir si le général Boulanger a été ou non le complice de cette nouvelle revue de Satory.

Mais nous savons que, si le pouvoir civil se soumettait devant une pareille sommation, il n'aurait plus, vingt-quatre heures après, qu'à se démettre.

REPRISE DE LA CRISE

27 mai.

Mercredi à minuit, on annonçait à l'Élysée la fin de la crise par l'acceptation définitive de M. de Freycinet. Jeudi à midi, on annonçait au Palais-Bourbon que la crise était plus ouverte que jamais, ce qui était exact. Voilà dix jours que nous vivons dans ces alternatives et quelques-uns commencent à s'y résigner : la dernière crise italienne n'a-t-elle pas duré cinq semaines ?

La crise, c'est encore, c'est toujours la question Boulanger. Nous n'avons rien à dire à ceux qui, depuis la première heure, se prononcent avec un bruyant éclat pour le maintien du ministre de la guerre : on ne raisonne pas avec l'amour aveugle, avec la foi ; on ne discute pas davantage avec certains intérêts et avec certaines passions. Mais ce ne sont ni les braves gens qui croient, sans trop savoir pourquoi, au général Boulanger, ni les pamphlétaires de l'intransigeance qui retardent encore une fois la solution de la crise. Ce sont ceux qui, selon la parole du poète, voient le bien et l'approuvent, mais qui ne le suivent pas...

Nous félicitons ceux de nos amis (1) qui, sollicités de devenir, même pour le surveiller, les collègues du général Boulanger, ont opposé, à plusieurs reprises, aux tentateurs les plus éminents ou les plus séduisants un refus énergique. C'est une belle chose qu'un portefeuille en maroquin rouge. Cependant, il y a quelque chose de plus beau encore : c'est la fidélité à de nobles principes, c'est le mépris des vaines popularités, c'est la conscience de faire son devoir.

1. MM. Raynal, Fallières, Cochery et Rouvier qui, appelés à l'Élysée dans une conférence avec M. Jules Ferry et M. de Freycinet, avaient refusé leur concours à ce dernier qui voulait conserver le portefeuille de la guerre à M. Boulanger.

DEUX POLITIQUES

29 mai.

M. Rouvier, président de la commission du budget, a été chargé par M. le président de la République de constituer un cabinet : il en reste chargé.

Pendant toute la journée d'hier, sur un mot d'ordre venu on ne sait d'où, on a colporté dans les couloirs de la Chambre et imprimé dans une demi-douzaine de feuilles que M. Rouvier avait renoncé à sa mission.

Ces affirmations sont inexactes, fausses, inventées à plaisir : M. Rouvier conserve la mission de former une administration républicaine, et cette administration, ce ministère de concentration des forces républicaines, ce cabinet d'affaires, il le formera.

Il y a, d'une part, des hommes qui sont ou se croient intéressés à prolonger une crise qui n'a que trop duré : les affaires sont arrêtées, le pays s'inquiète, ne comprend pas ou comprend trop; que leur importe? Intransigeants ils sont, obstructionnistes ils restent. Ils encouragent ceux qui vomissent contre le chef de l'État des injures et des outrages sans nom. Ils sourient à ceux qui font à l'armée française, — à cette armée qui, depuis seize ans, excite l'admiration du monde par un travail acharné de toutes les heures, — cette suprême injure de prétendre qu'elle a dormi jusqu'au mois de janvier 1886 et que son patriotisme a attendu, pour renaître, l'arrivée de l'ancien courtisan du duc d'Aumale au ministère de la guerre. Ils fabriquent les fausses nouvelles à la douzaine : la peste au Tonkin, l'abdication du vieux parti républicain à l'intérieur. Ils se jettent en travers de toutes les bonnes volontés, calommiant les patriotes qui ont reconnu, dès la première heure, où est le devoir, — menaçant d'un spectre électoral plus ridicule et non moins vil que celui des Romieu du Deux-Décembre les représentants du peuple qui commencent à ouvrir les yeux.

Il existe de tels hommes dans le parti républicain. Mais, grâce au ciel, il en est d'autres à côté de ceux-là, et qui sont les plus nombreux, et qui seront les plus forts. Ce sont les citoyens courageux qui ont répondu à l'appel du chef de l'État et qui sont résolus, de quelques obstacles que l'on encombre la route, à donner au pays un gouvernement. Ce sont les fermes démocrates qui se groupent autour d'eux pour mettre fin à une anarchie parlementaire qui ne réjouit que les ennemis du régime représentatif et de la liberté. Ce sont les républicains éprouvés du Sénat qui se souviennent du gouffre où la seconde République a péri et qui ne veulent pas y retourner. Ce sont tous ceux qui n'ont pas peur.

Oui, *ceux qui n'ont pas peur.* Car ils ont peur, les autres, et ils ne prennent même pas la peine de s'en cacher. Car non seulement ils ne dissimulent pas leurs craintes, mais ils s'en targuent, ils s'en font gloire; la peur, c'est toute leur politique. Ils sont d'accord avec vous, oh! certes, que la suprématie du pouvoir civil doit être incontestée, et ils sont les premiers à reconnaître que les manifestations plébiscitaires et césariennes sontintolérables, et ils jurent leurs grands dieux qu'ils ne seront pas « les Rochefort de ce Trochu ». Mais quoi! la *Lanterne* fulmine, et l'*Intransigeant* tonne! et deux ou trois douzaines de cercles tarasconnais ont envoyé des adresses, et l'on a reçu une dépêche du secrétaire du comité socialiste possibiliste antiopportuniste, un ancien plébiscitaire qui décembraille toujours, tantôt sur l'air connu :

> Napoléon! reviens en France!
> Napoléon! sois bon républicain!

tantôt sur le rythme de la *Marseillaise* qui n'en peut mais. Et alors on s'incline jusqu'à terre, on baisse pavillon, et c'est le concert des conseils habiles :

> Attends le jour marqué ;
> Sois comme Chéréas qui vient dans les ténèbres,
> Seul, muet et masqué.
> La prudence conduit au but qui sait la suivre.
> Marche d'ombre vêtu !

— C'est bien, disait Hugo, je laisse à d'autres « cette lâche vertu... »

LE MINISTÈRE ROUVIER

30 mai.

Quelques heures nous séparent de la constitution définitive du ministère ; avant midi, les dernières nominations qui ont été arrêtées hier soir seront soumises à la signature du président de la République.

L'agence de fausses nouvelles qui opérait samedi au Palais-Bourbon cherchera, sans doute, à exploiter ce léger retard. Elle gagnera mal ses honoraires. Elle compromettra un peu plus un homme politique que nous tenons pour un républicain éprouvé, mais dont certains amis rivalisent décidément de maladresse avec ceux de l'ex-ministre de la guerre. Nous ne disons pas : le ministère Rouvier se fera. Le ministère Rouvier est fait.

Il est fait et il est bien fait ; car il est ce qu'il devait être dans les circonstances actuelles : un ministère de concentration républicaine et un ministère d'affaires. Les obstructionnistes qui avaient pris pour devise : « Le ministère Clémenceau ou la crise à perpétuité ! » affirmaient que la gauche radicale refuserait son concours à M. Rouvier. Ce groupe est représenté dans le cabinet par quatre ministres, et ces hommes d'une solide expérience apporteront un concours précieux à l'exécution du programme d'économies et de réformes administratives et fiscales qui a été tracé avec tant de talent, il y a quinze jours, par M. Camille Pelletan, et qui a été abandonné avec tant d'éclat, depuis huit jours, par M. Clémenceau. C'est pour avoir un budget sérieux et économique, un budget en équilibre stable, que la Chambre a renversé le ministère Goblet. Ce budget, M. Rouvier le lui donnera, et il apporte déjà, dès la première heure, une économie qui n'est pas à dédaigner : la suppression du ministère des postes et télégraphes.

Quant à la suprématie du pouvoir civil qui avait risqué un instant d'être mise en échec, elle est assurée de nouveau, elle triomphe comme elle devait triompher, avec le concours d'une opinion publique enfin éclairée et qui ne se laissera plus surprendre. Nous répétions ici même au début de la crise, le mot fameux d'un républicain de grand cœur : « France ! guéris-toi des individus ! » M. Vacquerie le pousse à son tour, ce cri redevenu nécessaire, avec son autorité et son éloquence. Oui, la France républicaine guérira des individus.

NOMINATION ET COMMENTAIRES

30 juin.

Nous avons annoncé hier la nomination de M. le général Boulanger au commandement du 13ᵉ corps d'armée à Clermont-Ferrand. Le général Thibaudin, en quittant le ministère de la guerre, avait été moins favorisé : il n'avait été appelé qu'au commandement d'une division d'infanterie. Cependant, la presse d'extrême gauche est furieuse, indignée. Pourquoi ?

1° Parce que M. le général Boulanger ne voulait pas d'un commandement, qu'il préférait rester à Paris, qu'il était fatigué, — fatigué sans doute du travail acharné auquel M. le général de Miribel s'est livré, depuis le mois de janvier, pour remettre en état le plan de mobilisation et de concentration, précédemment désorganisé.

2° Parce que la *Justice* garantit l'authenticité du dialogue suivant, qui aurait été échangé entre le ministre sortant et le ministre entrant, le jour où

M. le général Ferron prit possession du portefeuille de la guerre, dialogue que M. le général Boulanger avait sans doute noté et transcrit pour M. Clémenceau :

LE GÉNÉRAL FERRON. — Je dois vous dire, et je suis autorisé à le faire, que nous chercherons toutes les combinaisons possibles pour vous donner le commandement que vous pouvez désirer.

LE GÉNÉRAL BOULANGER. — En ce moment, je suis un peu fatigué par dix-sept mois de ministère. Vous éprouverez vous-même cette fatigue si, ce que je vous souhaite, vous restez pendant ce temps au pouvoir. Je vous prie donc de me laisser en disponibilité pendant quelques mois.

LE GÉNÉRAL FERRON. — Très bien. Je souscris de grand cœur à votre désir. Mais je n'oublierai jamais que c'est vous qui m'avez nommé divisionnaire et vous n'oublierez pas que je profiterai avec grand plaisir de toutes les occasions qui s'offriront à moi de vous être agréable. Donc comptez sur moi en toute circonstance.

LE GÉNÉRAL BOULANGER. — J'y compte.

Nous ignorons si le petit dialogue qu'on vient de lire a été réellement tenu et surtout s'il a été tenu tel que le relate M. Boulanger dans la note détaillée qu'il a remise à M. Clémenceau et dans les notes plus sommaires qu'il a fait passer hier matin dans la *Lanterne* et dans l'*Intransigeant*. La chose, d'ailleurs, est sans importance et nous admettons volontiers que, pour une fois, l'auteur des lettres au duc d'Aumale a eu la mémoire fidèle. Ce que l'on admettra moins, croyons-nous, c'est qu'un officier qui est appelé à l'honneur de commander un corps d'armée se permette d'adresser à la presse des doléances et des récriminations d'un genre nouveau dans l'armée française. Porter l'uniforme et même la plume blanche, ne pas accepter avec empressement et fierté l'honneur de commander un corps d'armée, ce ne sont même pas des mœurs hispanoaméricaines...

> Le ministère a pris un parti énergique, écrit M. de Rochefort : il vient de déporter le général Boulanger. On lui a désigné comme lieu de détention les montagnes d'Auvergne ; c'est sous le titre de commandant du 13ᵉ corps qu'il demeurera prisonnier.

Un commandement de corps d'armée, c'est une prison, c'est un bagne ! — Et cette conclusion :

> Les Robert-Houdin de l'Elysée espèrent ainsi éviter les sifflets et les cris de : « Vive Boulanger ! » qui les attendent à la revue du 14 juillet. Ces pauvres diables s'apercevront dans quinze jours que, si l'exil des d'Orléans n'a pas désarmé les orléanistes, l'exil du général Boulanger n'a pas clos la bouche aux républicains.

D'où il appert que, pour M. de Rochefort, la République est au général Boulanger ce que l'orléanisme est au comte de Paris, sa chose.

Les amis et commensaux habituels de M. Boulanger estiment qu'un officier général n'est point fait pour servir, à sa place et à son rang, dans l'armée nationale, mais que son rôle est de parader dans les bureaux des journaux intransigeants et de tenir un salon politico-militaire à l'hôtel du Louvre.

On ne s'abaisse pas à discuter sérieusement avec ces avocats de l'indiscipline et de l'insubordination. M. le général Boulanger était en train, malgré la fatigue qui l'accablait, de recommencer la série d'intrigues qu'il avait menées, une première fois déjà, avec quelque succès, à son retour de Tunisie, dans ce même hôtel du Louvre. M. le Ministre de la guerre a coupé court à cette réédition en pourvoyant M. le général Boulanger d'un commandement où il pourra, tout en se reposant de ses émotions politiques, donner enfin, s'il veut, des preuves sérieuses de capacité militaire. M. le ministre de la guerre a bien fait.

Quant à M. le général Boulanger, ses amis éclairés ne sauraient l'engager trop vivement à se défier, aujourd'hui plus que jamais, des amis enthousiastes qui lui ont fait déjà tant de mal. On vend depuis trois jours, sur le boulevard et aux abords des gares de chemins de fer, un placard signé Magué, intitulé *Boulanger, sauveur de la France*, et dont l'auteur raconte d'abord que le général Boulanger, sorti le premier de l'École polytechnique, — le génèrrl est sorti avec un numéro au-dessous de 100 de l'École de Saint-Cyr, — se révéla, après une série de ministres « tellement nuls et tellement bas qu'il serait honteux d'examiner leurs élucubrations », comme un homme de génie, « comme l'un des cerveaux puissants qui étonnent, à travers les siècles, l'humanité dans leur ascension perpétuelle vers le progrès ». Puis, après ce véridique et délicat résumé :

Les hommes qui ont rendu le général à la vie privée, le président de la République qui a sanctionné leur complot, au lieu de prendre l'autorité qui leur manquait, n'ont fait qu'anéantir le peu de prestige qu'ils pouvaient avoir dans l'opinion publique.

En face des regards comminatoires de nos voisins d'outre-Rhin, en face du chaos parlementaire dans lequel nous sommes, en face de la crise toujours croissante du commerce et de l'industrie, en face de la misère du peuple, chaque jour grandissante, les citoyens français sentent qu'il faut un homme de génie pour les tirer de cette triste situation, et leur choix s'est arrêté sur le général Boulanger.

Lui seul sera l'homme du moment, lui seul pourra enfin rendre à la France son éclat, sa tranquillité intérieure, sa force extérieure si longtemps négligée.

Républicain sincère et sérieux, le jeune général sera digne du plus haut poste de la République française, qu'il saura maintenir au premier rang des gouvernements du monde civilisé.

Eh bien ! dans l'intérêt de la discipline, dans l'intérêt de la République, — et dans son intérêt personnel, — M. le général commandant le 13e corps ferait sagement de prier tous les André Magué de se taire et de cesser d'écrire.

FIN DE L'ÉQUIVOQUE

7 juillet.

Le dialogue continue entre M. Henry Maret et
M. Camille Pelletan. La *Justice* s'obstine à ergoter,
à accumuler les subtilités sur les inexactitudes, à
prêter à son adversaire d'absurdes opinions que
celui-ci répudie. Le *Radical* ne se décourage pas de
rester calme, clair, judicieux et sensé ; il met les
points sur les i ; il circonscrit nettement les débats.
« Vous savez bien, dit M. Maret à M. Pelletan, que
si Boulanger avait gardé son portefeuille, on n'at-
taquerait pas ce ministère avec une furie que n'a
jamais connue Ferry lui-même. » Et comme le
rédacteur de la *Justice* se récrie, trouvant la question insignifiante : « Qui cela ? Boulanger ? un
homme qui porte une barbe ? » M. Maret riposte
avec une ironie mordante et fine: « Voyons, ce n'est
« pourtant pas moi, cette fois, qui ai fait durer
« trois semaines la crise ministérielle, grâce à cette

« question-là ! Ce n'est pourtant pas moi qui ai re-
« fusé de faire partie de toute combinaison dont
« Boulanger ne serait point ! » Et l'équivoque la
« honteuse équivoque, se dissipe.

Rappelons quelques faits :

Pendant la dernière crise, qui s'est ouverte sur la
question des économies budgétaires posée simulta-
nément par M. Pelletan, par M. Rouvier et par la
Droite, mais que la manifestation césarienne, ten-
tée à l'occasion du scrutin parisien du 22 mai, avait
transformée en un conflit autrement périlleux, la
presse d'extrême Gauche s'était divisée en trois
fractions. D'une part, la *Lanterne* et l'*Intransigeant*
faisant du maintien du général Boulanger une
question de vie ou de mort, ne reculant ni devant
l'outrage au chef de l'État ni devant l'appel aux
plus dangereuses calomnies pour imposer leur volonté ; — de l'autre, des républicains qui se souve-
naient, qui refusaient d'abaisser devant un homme,
quel qu'il fût, la majesté de la République et d'incarner le patriotisme de tout un peuple dans un
seul soldat, M. Vacquerie au *Rappel*, M. Maret et
M. Lacroix au *Radical*, reprenant la fameuse parole :
« France ! guéris-toi des individus ! » et livrant avec
nous le bon combat ; — enfin , la *Justice* qui se
taisait, la *Justice* qui faisait semblant d'ignorer la
question Boulanger, mais dont les rédacteurs-dépu-
tés travaillaient avec acharnement à faire échouer

toute combinaison dont le général ne ferait point partie.

Et de même après la constitution du ministère Rouvier. La presse d'extrême gauche — sauf le *Radical* et le *Rappel* qui veulent le juger sur ses actes — se déchaîne avec une violence sans pareille contre le cabinet. Mais la *Lanterne* et l'*Intransigeant* ont seuls la franchise de dire pourquoi : parce que l'homme providentiel, l'ancien courtisan du duc d'Aumale, n'est plus leur délégué au ministère de la guerre. La *Justice*, elle, adopte une autre tactique ; elle murmure à peine, *piano, pianissimo :*

C'est Boulange, lange, lange,
C'est Boulange qu'il nous faut !

Mais elle entasse une montagne de potins et d'historiettes, Rotelli sur Mackau, Féret sur Rotelli, et, juchée sur cet Ossa, elle réussit, à force d'habileté, à tenir sa place dans le concert intransigeant.

Pourquoi cette attitude bizarre ? Parce que sur la question même qui fait le désaccord, sur la question de l'homme providentiel, du soldat qui laisse ou fait faire sur son nom d'insolentes manifestations, sur la question Boulanger, M. Clémenceau et M. Camille Pelletan, M. Millerand et M. Pichon sont, malgré leur intransigeance, des républicains trop clairvoyants et trop perspicaces pour ne point penser, dans leur for intérieur, comme M. Vacquerie et

M. Henry Maret, comme nous-mêmes. Donc, ils ne chantent pas la *Marseillaise* de Paulus.

Mais M. Clémenceau et ses amis n'ont point le courage qu'ont eu les rédacteurs du *Rappel* et du *Radical,* le courage de sacrifier un atome de popularité malsaine à une conviction raisonnée, le courage de se mettre résolument en travers de ce qu'ils considèrent, eux aussi, comme des erreurs et des illusions dangereuses, le courage de tenir au peuple-roi le seul langage que des citoyens libres, des hommes fiers, doivent à tous les souverains : celui de la vérité. Non, ce courage qu'ont eu M. Vacquerie et M. Maret, M. Tony Révillon et M. Lacroix, ils ne l'ont point.

Je leur rends cette justice : ils n'ont pas fait grand'chose, bien qu'ils aient déjà trop fait, pour exciter, pour surchauffer les illusions d'une fraction de la démocratie toujours malade du mal que dénonçait l'orateur de la Convention. Mais l'histoire leur fera un grave reproche : ils n'ont rien fait pour combattre, avec nous et tant d'autres, l'erreur qui se répandait; ils n'ont rien fait pour nous aider à étouffer, dans notre France républicaine, l'esprit de Brumaire et de Décembre qui renaissait, malgré les leçons du passé, malgré le souvenir du démembrement de la patrie.

Je ne veux point me servir de gros mots : je ne dirai point qu'on reconnaît à cette conduite la race éternelle des démagogues. Non, je dirai simplement

que cette attitude prudente et triste est celle des
hommes que connaissait et condamnait déjà le poète
latin, des hommes qui voient le bien et qui suivent
le mal.

Voilà donc le secret de la comédie, ce qui se cache
sous les masques. Et c'est pourquoi il faut se féliciter de l'interpellation qu'on nous annonce sur la
politique générale du cabinet, interpellation qui
était nécessaire, indispensable, avant les vacances.
Il faut s'en féliciter d'abord parce que cette interpellation permettra au ministère Rouvier de dire à
la tribune, en face du pays, quelle est sa politique
et que cette politique est celle du vieux parti républicain qui veut la République ouverte à la France,
— car nous avons en horreur l'intolérance et l'ex-
clusivisme, — mais qui ne permettra jamais aux partis
de monarchie, aux hommes de l'Empire, à ceux de
la royauté de Juillet, à ceux du droit divin, de mettre
la main sur une parcelle du pouvoir, — car le pouvoir,
chez nous, comme dans tout pays qui n'est point
livré à l'anarchie, n'appartient qu'aux hommes qui
sont ralliés franchement et sans esprit de retour à
la Constitution, aux républicains de naissance ou
de raison.

Mais je m'en félicite encore parce que cette interpellation mettra au pied du mur l'opposition de parti
pris. M. Camille Pelletan a renversé M. Goblet
parce que celui-ci refusait les économies que ré-
clamait la Chambre : oui ou non, M. Rouvier ap-

porte-t-il ces économies ? M. Clémenceau fait campagne avec ceux qui ont déclaré la guerre au cabinet
dès le premier jour, parce que le cabinet avait
coupé court à d'intolérables manœuvres et remis
chacun à sa place et à son rang : oui ou non,
M. Clémenceau a-t-il une opinion sur les soldats
providentiels... qu'il nous faut ?

DÉPART POUR CLERMONT

9 juillet.

Une cohue de braillards et de dupes a fait hier à un officier général de l'armée française, se rendant à son poste, l'injure grossière de lui faire une conduite césarienne à la gare de Lyon. Si l'ancien courtisan du duc d'Aumale est rallié avec quelque sincérité, comme il l'affirme, à l'idée républicaine, il n'a pu assister sans confusion et sans honte à une manifestation qui voulait être patriotique, qui n'a été que tumultueuse et indigne d'un peuple libre. Quant aux gamins de tout âge qui ont cru acclamer l'armée et la République en troublant l'ordre dans la rue, en envahissant une gare de chemin de fer et en poussant des beuglements de café-concert, nous ne pouvons que les plaindre : les uns ne savent pas ce qu'ils font; les autres sont mûrs pour la servitude et l'abjection qu'ils ont déjà pratiquée.

La sévérité des bons citoyens, c'est à d'autres

qu'il la faut réserver, j'entends aux agences de réclame et aux officines de démagogie qui n'ont vu
dans l'organisation de ce désordre qu'une occasion
propice pour débiter du mauvais papier, de mauvaises enluminures et des mirlitons. « Il y a des
gens, disait Desmoulins, par qui mieux vaut être
pendu que loué. » C'est des gens de cette sorte qui
ont organisé le tumulte d'hier soir.

AUX DUPES

10 juillet.

Il faut bien, quelle que soit notre confusion, revenir sur les scènes de bas-empire qui se sont produites avant-hier à la gare de Lyon. Sans doute, sauf deux ou trois feuilles intransigeantes, toute la presse parisienne réprouve et flétrit avec une même énergie le charlatanisme savant qui a présidé à l'organisation de ce tumulte, l'inconscience stupide d'une cohue prompte à se ruer vers la servitude. Mais quoi ! l'on nous annonce pour le 14 juillet — pour la fête de la République, ô honte ! — le renouvellement de ces manifestations imbéciles. M. Paul Deroulède, qui n'a pas craint de dire, le malheureux ! que Chanzy et Gambetta revivent tous les deux dans M. Boulanger, le directeur de la *Lanterne*, M. de Rochefort, qui revient tout exprès de la plage où Louis-Napoléon Bonaparte, un morceau de lard à son chapeau, préluda au crime de Décembre, tous les meneurs de l'affaire, tous les syndics de l'entreprise, convoquent à nouveau, pour cette date qu'on veut salir, l'armée des lazaroni parisiens. Car nous en sommes là, près d'un siècle après la Révolution, après deux dictatures impériales qui ont laissé la France de la Révolution plus petite que la France de la monarchie ! Nous aussi, nous avons nos lazaroni qui baisent la botte et le chapeau, que la vue d'un homme soûle de joie ! Il ne nous manquait plus que cette importation !

Certes, dans cette foule hurlante, dans cette cohue en délire, les braves gens, je le sais, ne manquaient point, les ouvriers sincères et naïfs qui croient, qui aiment, avec toute la bêtise de la foi et de l'amour aveugle, qui pensent vraiment faire acte de patriotisme en acclamant un démagogue empanaché, en le portant en triomphe, en dételant son fiacre, en se jetant sous les roues de sa locomotive, comme les Hindous sous le char de Jaggernaut. Oui, je sais cela, et c'est cela précisément qui remplit le cœur de douleur et de crainte. Car, s'il n'y avait là que les autres, cela ne serait rien...

Les autres, vous savez qui, les exploiteurs qui mettent un nom populaire en actions comme on fait d'une mine ou d'une pêcherie, les montreurs d'ours, les marchands de chansons et d'insignes, et puis les braillards, les mêmes qui huaient Gambetta à Charonne, et tout ce qui reste enfin de bonapartistes militants, tous ceux qui ont flairé dans l'air vicié un souffle de Brumaire et de Décembre... Ne le niez

4.

pas, ils l'avouent, ils s'en font gloire : « Et dans cette
« foule, écrit M. Robert Mitchell au prince Victor,
« *nos amis se confondaient* avec les radicaux des fau-
« bourgs, les bourgeois de la rue du Sentier, tous ceux
« qui veulent sortir de l'infect marais où nous nous
« enlisons... » L'infect marais, c'est la République.

Eh bien, ce n'est point des autres qu'il s'agit ; car
ces gens-là, on ne les persuade pas, on ne peut que
les frapper avec une rigueur impitoyable — et on
le doit — s'ils se font encore une fois les instigateurs
d'une émeute contre la loi, l'ordre public, le gouvernement établi... Mais à ceux qui sont dupes et
non complices, qui n'ont point découvert encore que
les cartes ont un dessous, qui ne soupçonnent
point que la spéculation d'aujourd'hui est habile à
revêtir tous les masques (même le masque du patriotisme), à ceux-là qui sont de bonne foi, c'est à
eux qu'il faut parler. Si l'on ne veut pas que nous rou-
lions jusqu'au bas de la pente où se trouve l'entonnoir
sinistre des Sedan, il n'y a pas un jour, pas une heure
à perdre pour éclairer ce peuple qu'on trompe.

Car, cet homme qu'acclament ces foules, cet
homme qui a fait oublier aux gosiers de tant de républicains le cri de : « Vive la République ! » pour
celui de « Vive Boulanger ! » et les purs accents de
la *Marseillaise* pour une ignoble chanson de café-
concert, quel est-il ?... Sans doute, pendant la
guerre étrangère et pendant la guerre civile, il a
fait son devoir. Mais combien de milliers d'autres

l'ont fait avec autant de courage que lui et avec plus de modestie ? Et puis, quoi ! il a été l'obséquieux lieutenant d'un prince, et quand l'intrigue l'a porté au ministère de la guerre, il n'a vu dans le commandement suprême de l'armée française qu'un tremplin pour son ambition. Il a beaucoup parlé, et il a même beaucoup écrit, surtout pour affirmer sur l'honneur ce qu'il savait le contraire de la vérité. Mais qu'a-t-il fait ? Il a, pour le seul plaisir d'attacher son nom à une compilation indigeste, retardé de près de deux ans le vote de la loi militaire. Il a si bien désorganisé le plan de mobilisation qu'un jour, alors que l'horizon se chargeait de nuages du côté de l'Est, il a eu lui-même le sentiment de son écrasante responsabilité et qu'il a supplié le général de Miribel de rétablir ce qu'il avait détruit. Il a rendu le port de la barbe obligatoire. Il a peint les guérites aux couleurs tricolores. Il a construit des baraquements qui, de l'aveu de tous les hommes compétents, ne serviront jamais de rien, et qui ont été payés le double de leur valeur. Et puis, c'est tout.

Et c'est dans cet homme que la France de Hoche, de Kléber, de Marceau, de Charras, de Cavaignac, de Faidherbe, ferait reposer toute sa confiance, dans ce général de cirque !... L'homme qui a perdu Metz était un soldat qui faisait de la politique. Ce n'est point un soldat qui fait de la politique qui nous la rendra.

MAJORITÉ RÉPUBLICAINE

12 juillet 1887.

Ce qui domine la séance d'hier, c'est le remords de l'extrême Gauche. Sauf quelques-uns de ses membres qui avaient refusé de se prêter à cette besogne et dont ce sera l'honneur, elle avait *fait* le général Boulanger. Sous le souffle d'émeute césarienne qui a passé vendredi soir sur Paris, elle a été prise d'une peur patriotique et elle a compris l'étendue de sa faute. M. Clémenceau, en son nom, est venu présenter ses excuses à la Chambre et au pays. Il l'a fait avec toutes les réticences et toutes les ambiguïtés d'une parole qui n'a jamais été plus saccadée et plus heurtée. Mais il l'a fait. Et quand M. Laisant est monté à la tribune pour y reproduire, dans un abominable discours, les calomnies de la *Lanterne* et de l'*Intransigeant*, pour accuser le gouvernement républicain d'avoir exclu l'ex-ministre de la guerre sous la pression de l'étranger,

M. Clémenceau s'est associé à la triple salve
d'applaudissements qui, sur tous les bancs de la
Chambre, de l'extrême Droite à la Gauche extrême,
a accueilli la légitime flétrissure que ces paroles
odieuses ont arrachée, dans un beau cri d'éloquence, à M. Rouvier et, dans une accablante con-
damnation, à M. Floquet.

C'est à M. le président du conseil que revient le
mérite d'avoir porté l'interpellation sur ce terrain,
qui était le vrai. Dans le discours, si courageux et
si loyal, que M. Rouvier a prononcé au début de la
séance, il n'avait pas craint, en effet, de déchirer
les voiles, d'arracher les masques. Si, dès le premier jour de son existence, le cabinet a rencontré
devant lui une opposition systématique d'une incroyable violence, ce n'est pour aucun des piteux
prétextes qui ont été évoqués. C'est à cause d'une
absence, celle d'un homme qui avait eu le malheur
de voir se produire sur son nom une manifestation
illégale, contraire à la Constitution républicaine.
Tous assurément, à l'extrême Gauche, ne regret-
taient pas, dans le fond de leur cœur, ce soldat :
nous savons par M. Lacroix et par d'autres aveux
que beaucoup de députés de l'extrême Gauche, en
votant le 17 mai contre M. Goblet, visaient M. Boulanger ; — mais quelques-uns seulement avaient la
probité de dire qu'ils applaudissaient à l'acte d'é-
nergie accompli par M. Rouvier, de dire non pas
au peuple, mais à une foule dont la bonne foi

avait été surprise, qu'elle se trompait. Et M. le président du conseil déclare qu'au cours de la dernière crise, alors qu'il proposait des portefeuilles à des membres de l'extrême Gauche et de la Gauche radicale, — ce qui était d'ailleurs un signe évident de sa ferme volonté, arrêtée d'avance, de faire alliance avec la Droite, — ces personnages n'avaient pas repoussé ses offres après l'avoir questionné sur son programme, mais après lui avoir demandé s'il gardait ou non M. Boulanger. Belle politique de principes, en vérité! Et personne, ni M. Pelletan, ni M. Jullien, ni M. Rivière, ni M. Lockroy, ne démentit M. Rouvier.

Sur la question Boulanger, — puisque l'on est tombé assez bas, dans notre libre démocratie, pour qu'il existe une question de ce genre, — on peut affirmer que la Chambre, à cette heure, est unanime. Sauf M. Laisant, frappé hier par M. Floquet, comme il l'avait été, il y a quelques années, par M. Brisson, sauf les deux ou trois députés qui avaient escorté l'ex-ministre jusqu'à Charenton, l'Assemblée tout entière a condamné, dans un élan spontané, la détestable campagne dont le scandale de la gare de Lyon a été le digne couronnement. Les yeux de tous se sont enfin ouverts, et ce n'est point la sentinelle invisible en qui M. Clémenceau, dans son incurable frivolité, reste seul à croire, c'est le Parlement tout entier qui veille — et qui avertit.

Mais, si M. le président du conseil a pris, avec un robuste courage, le taureau par les cornes, il n'a point cherché pour cela à se dérober aux questions qui lui étaient posées par les auteurs de l'interpellation. Là encore, il a tenu le meilleur langage, le langage d'un véritable chef de gouvernement. Sans doute il ne réclame pas dans tous les votes une majorité de républicains : lequel de ses prédécesseurs l'a fait? Ce n'est ni M. Goblet, ni M. de Freycinet, ni M. Brisson. Et d'ailleurs, dans un pays de suffrage universel, dans un régime parlementaire, de quel droit ne point tenir compte du vote de représentants librement élus ? Mais sur les questions d'où dépend l'existence même du ministère, dans une interpellation comme celle d'hier, comme celle que les chefs des Gauches extrêmes ont adressée au cabinet dès le premier jour, M. Rouvier alors réclame, veut une majorité de républicains. « Soyez 200, a-t-il dit à M. Clémenceau, et je vous cède la place! »

On verra plus loin que les amis de M. Clémenceau n'ont été ni 200, ni même 180, comme le 31 mai, ni 150, ni 130, ni 120, mais à grand'peine 110.

M. Rouvier demande une majorité de républicains. Est-ce à dire qu'il accepte d'être un gouvernement de combat, comme le lui demandaient, dans leurs litanies, M. Tony Révillon, M. Pelletan et M. Clémenceau ? Non, il ne le veut pas; non, il n'aura point pour pensée unique et pour règle unique de son gouvernement de persécuter ceux qui ne pensent pas comme lui, de mettre hors la loi les trois millions d'électeurs qui ont envoyé sur les bancs de la Chambre deux cents droitiers, de ne présenter que des lois de taquinerie. « Faites des lois désagréables à la Droite ! » dit M. Clémenceau. M. Rouvier, M. Fallières, qui a appuyé le président du conseil en quelques paroles vibrantes d'une éloquence émue et fière, répondent : « Nous ferons de bonnes lois, des réformes utiles, pratiques ; nous ne nous abaisserons point, dans notre rôle de législateurs, à n'avoir d'autre critérium que de vexer une portion de la Chambre ; et c'est ainsi que nous assurerons le progrès républicain, que nous armerons la démocratie républicaine pour le bon combat. »

Quant à ses actes, le ministère n'en désavoue aucun. Dans toute sa conduite, depuis son arrivée aux affaires, il a agi comme doit agir un gouvernement résolument, loyalement républicain. Il a appliqué et il continuera à appliquer toutes les lois. Il a frappé et il continuera à frapper tous les fonctionnaires infidèles. Sur un seul point, M. Rouvier refuse de répondre : « Vos fonctionnaires, lui demandait M. Clémenceau, pourront-ils, pendant les vacances, se dire républicains ? » M. le président du conseil a déclaré qu'une telle question était un outrage et qu'il n'y répondrait pas.

Sur quoi, la Chambre a voté et, par 357 voix contre 111, elle a approuvé l'attitude du ministère. La majorité républicaine, au 31 mai, était de 160 voix. Elle est de 200 voix aujourd'hui. Ah! comme la presse intransigeante a raison de dire que M. Rouvier ne s'appuie que sur une majorité royaliste! Allons! monsieur Clémenceau, encore une petite interpellation, et vous resterez seuls avec les trois mousquetaires de la *Justice!*

A M. ÉDOUARD LOCKROY

13 juillet.

J'ai reçu la lettre suivante :

Paris le 12 juillet.

Monsieur,

Dans votre article d'hier, vous écrivez :

« M. le président du conseil déclare qu'au cours de la dernière crise, alors qu'il proposait des portefeuilles à des membres de l'extrême Gauche et de la Gauche radicale, — ce qui était d'ailleurs un signe évident de sa ferme volonté, arrêtée d'avance, de faire alliance avec la Droite, — ces personnages n'avaient pas repoussé ses offres après l'avoir questionné sur son programme mais après lui avoir demandé s'il gardait ou non M. Boulanger. Belle politique de principes, en vérité ! Et personne, ni M. Pelletan, ni M. Jullien, ni M. Rivière, ni *M. Lockroy*, ne démentit M. Rouvier. »

Il ne m'a pas convenu de monter, hier, à la tribune pour répondre à M. le président du conseil. Mais j'ai, je crois, le droit de demander à votre impartialité une rectification.

La question de personne dont vous parlez a été si peu agitée pendant la dernière crise que, *devant moi*, M. le président actuel

du conseil a accepté d'entrer dans une combinaison ministérielle dont faisait partie M. le général Boulanger.

Agréez, je vous prie, l'expression de mes sentiments les plus
distingués.

EDOUARD LOCKROY.

J'en demande bien pardon à mon honorable confrère; mais ses souvenirs le servent très mal.

D'abord il me sera peut-être permis de lui faire
observer qu'il est un peu paradoxal d'écrire « que
la question Boulanger a été peu agitée pendant la
dernière crise ». Une pareille affirmation, c'est
ce qu'on a appelé pendant longtemps *un comble*.
Toute la dernière crise, en effet, a porté sur la
question de la suprématie du pouvoir civil. Si M. de
Freycinet échoua dans la mission dont M. le président de la République l'avait chargé, c'est précisément parce que l'honorable sénateur de la Seine
recula devant l'élimination de l'homme sur le nom
duquel s'était produite la manifestation césarienne
du 22 mai; si M. Rouvier mit trois longs jours à
constituer le cabinet, du 31 mai, c'est qu'à l'exception de trois ou quatre, tous les membres de l'extrême Gauche et de la Gauche radicale auxquels il
s'adressa refusèrent, *sur l'absence* du général
Boulanger, de faire partie du nouveau cabinet. Que
l'ex-ministre de l'industrie et du commerce veuille
bien se renseigner auprès de son ex-collègue des
postes et télégraphes : il sera fixé.

En second lieu, il est parfaitement inexact de

prétendre, comme le fait M. Lockroy dans sa lettre, que M. Rouvier a accepté, devant lui Lockroy, « d'entrer dans une combinaison ministérielle dont faisait partie le général Boulanger ». La vérité, c'est que M. Rouvier, devant M. Lockroy, a dit dès le 24 mai, sur le cas du général Boulanger, tout ce qu'il en a dit avant hier à la tribune de la Chambre.

C'était au Palais-Bourbon. M. Floquet avait été appelé le matin à l'Élysée où M. le président de la République lui avait offert la mission de former un ministère, et le président de la Chambre, après avoir demandé vingt-quatre heures de réflexion, avait réuni dans son cabinet MM. Berthelot, Rouvier, Boulanger, Granet et Lockroy. M. Rouvier, appelé à prendre la parole, déclara alors qu'il n'assumerait pas la responsabilité de faire échouer, du seul fait de son refus, une combinaison destinée à mettre fin à une crise qui compromettait les intérêts majeurs du pays, mais « qu'au point de vue de la suprématie du pouvoir civil, le maintien de M. le général Boulanger au ministère de la guerre constituait un véritable danger pour la République ». M. Rouvier, développa même cette thèse avec une telle force d'éloquence et une telle indignation contre l'incident du 22 mai, que M. le général Boulanger, profondément troublé, se leva et offrit à M. Floquet de se retirer. M. le président de la Chambre répliqua aussitôt qu'il ne formerait point son cabinet sans le général Boulanger, mais que s'il réussissait à le former, M. le général Boulanger était destiné à entendre, de sa bouche, d'aussi dures vérités que de la bouche de M. Rouvier.

Sur quoi l'on se sépara et le lendemain, sur le refus de M. Henri Brisson de prendre le portefeuille des affaires étrangères, M. Floquet se rendit à l'Elysée pour décliner, sans tenter d'autres démarches, la mission de constituer un cabinet.

LA FÊTE NATIONALE.

16 juillet.

Les détestables desseins des fauteurs de désordre ont été déjoués. Sans doute, sur plus d'un point, le noble chant de la *Marseillaise* a été encore remplacé par l'inepte chanson de café-concert qui a succédé au *Pied qui remue* et où l'*Amant d'Amanda* s'appelle « Boulange ». Sans doute, sur le parcours du chef de l'État, quelques centaines de braillards et de gueulards, ligués ou non ligués », obéissant à un mot d'ordre, avaient organisé une manifestation grossière, indécente, antirépublicaine, qui n'a pu réjouir qu'une poignée de mauvais citoyens et pour laquelle — j'ai le regret de le constater — M. Clémenceau n'a point trouvé dans son journal une parole de réprobation. Mais la Fête nationale, dans son ensemble, a été digne de notre France républicaine, digne de notre grand Paris. Le syndicat des césariens avait convié le

peuple de Paris à renouveler le scandale de la gare
de Lyon. Eh bien! « Paris, le tout-Paris populaire, démocrate, républicain, » comme écrit M. Sigismond Lacroix, a tenu à honneur de réparer ce
scandale. Et il l'a réparé.

. Je n'insisterai point sur les contre-manifestations
significatives qui ont répondu avant-hier aux misérables provocations de quelques-uns : un chef
d'État qui s'appelle Jules Grévy, des soldats qui
s'appellent Ferron et Saussier, des ministres qui
s'appellent Rouvier, Spuller, Fallières, n'ont point
besoin d'être vengés par des huées à l'adresse de
leurs insulteurs. Il y a longtemps que les outrages
d'un Rochefort et les calomnies d'un Laisant n'at-
teignent plus personne. Non, la vraie contre-manifestation a été l'acclamation unanime qui a salué
notre jeune armée, l'armée de la nation, qu'on ne
saurait, sans l'insulter, identifier dans un homme
et qui restera toujours l'armée de la loi. Non, la
contre-manifestation a été le cri de : « Vive la
République! » poussé à la même heure par cent
mille poitrines, seul cri qui soit digne de citoyens
libres et de patriotes sincères.

Nous nous étions indignés du scandale de la
gare de Lyon : il faut aujourd'hui nous en féliciter.
Ce sont, en effet, ces scènes d'esclaves ivres qui
ont forcé à s'ouvrir les yeux qui s'obstinaient à
rester fermés. Il a suffi ainsi que le spectre du césarisme apparût pendant une heure à l'horizon pour

que tout ce qu'il y a d'honnête, de loyal, dans le
parti républicain, se retrouvât uni comme un seul
homme. On l'a reconnu tout de suite, ce fantôme,
ce spectre de notre jeunesse à qui nous avons dû
les hontes de l'invasion et les inoubliables douleurs
du démembrement. Et on l'a repoussé avec mépris.
Il y a des morts, dit-on, qu'il faut qu'on tue. Il faut
tuer celui-ci...

Un journaliste qui a été longtemps le chef du
parti bonapartiste a écrit hier que la belle tenue de
Paris, dans la journée de jeudi est due aux mesures
de précaution qui avaient été prises par le gouvernement. Il faut protester contre cette assertion qui
n'est pas conforme à la réalité des choses. Certes,
le gouvernement a sagement agi en prenant des
mesures de police très complètes : il eût manqué au
premier de ses devoirs, qui est d'assurer l'ordre
dans la rue, s'il avait agi autrement, et il faut avoir
perdu tout sang-froid pour venir à ce propos parler,
comme le fait la *Justice*, de « l'imbécillité de nos ministres. » Mais, si ces mesures préventives étaient
indispensables, ce n'est point à elles qu'il faut attribuer l'attitude du peuple immense qui a acclamé
hier l'armée de la France et la République. Non, il
n'est pas juste de diminuer, de rabaisser ainsi ce
qui est noble et bon. Victor Hugo avait coutume
de distinguer entre la foule et le peuple. C'est le
peuple qui a pris la Bastille ; c'est la foule qui a
égorgé Berthier. C'est la foule, prompte à se ruer

aux servitudes, qui, le 8 juillet, a envahi la gare de Lyon ; c'est le peuple de Paris, fidèle à la liberté dont il veut rester digne, qui a donné avant-hier aux meneurs césariens une leçon dont ils seront pâles encore dans six mois, et au pays tout entier un exemple fortifiant et nécessaire.

On avait rêvé de faire de Paris une seconde Byzance : Paris reste Paris, la ville de la Révolution, le cœur et l'âme de la France.

LE DISCOURS D'ÉPINAL

27 juillet.

C'est un bon vent qui souffle. Sans doute les passions violentes et les passions basses continuent à se déchaîner. Mais il y avait longtemps que les patriotes dignes de ce nom, les républicains jaloux du bon renom et de l'avenir de la République, ne leur avaient opposé pareille énergie et pareille crânerie. Faut-il rappeler les actes : comment nos amis ont profité de la mauvaise humeur de M. Clémenceau pour renverser un ministère qui descendait avec une rapidité vertigineuse la pente de l'anarchie et du césarisme, — comment ils ont rendu au pouvoir civil sa suprématie, — la résolution dont ils font preuve depuis deux mois pour constituer un gouvernement national, un gouvernement de progrès et non de combat, gouvernement de la France républicaine et non d'une petite secte intolérante ? Et si l'on a connu un temps où les discours n'étaient qu'un vain et bruyant concert de paroles, les discours d'aujourd'hui sont des actes. Actes de loyauté et de courage, le discours de M. Rouvier dans le débat sur la dernière interpellation de l'extrême Gauche ; — acte de probité et de clairvoyance militaires, le discours de M. le général Ferron contre la disposition de loi qui faisait de l'armée française un troupeau ; — actes de fermeté et d'indépendance civiques, les discours de M. Spuller rappelant à la démocratie ses devoirs et ses traditions ; — un acte enfin, un grand acte, la vigoureuse harangue que M. Jules Ferry a prononcée dimanche à Épinal.

Ah ! le beau, le réconfortant discours, et comme la lecture de cette improvisation nous a fait du bien à tous ! Certes, le mépris est un grand consolateur ! C'est à lui que nous nous adressions de préférence, depuis pas mal d'années, quand une tourbe de malfaiteurs et d'intrigants déversait à flot sur Gambetta l'outrage et la calomnie, — quand, par haine d'un homme ou par peur, les politiciens de l'intransigeance et de la réaction affolaient le suffrage universel, réclamaient l'humiliation du drapeau national dans la Méditerranée et dans l'Extrême-Orient, — quand, hier encore, prêts à se ruer à la servitude, les derniers des démagogues accusaient les meilleurs des Français de recevoir des ordres de Berlin.

Mais suffit-il de se consoler en méprisant? Non, cela ne suffit pas ! et il arrive un jour, une heure

où il est nécessaire de crier très haut son mépris
et de dire à ce grand parti républicain et national
qui a fait le relèvement de la patrie et qui seul, ouvert à toutes les bonnes volontés, soucieux uniquement du bien public, peut assurer à ce pays les
destinées qu'il mérite, — de lui dire, à ce parti,
qu'on peut bien, dans ce temps de liberté illimitée,
l'éclabousser impunément d'injures et de mensonges, mais qu'on ne saurait l'atteindre dans son
honneur et qu'il n'a pas cessé de faire son devoir,
de garder intact le dépôt qui lui avait été confié et
de rester digne de ses ancêtres !

M. Jules Ferry l'a compris; lui qui n'avait opposé depuis si longtemps aux injures les plus
odieuses et aux plus atroces soupçons qu'une in-
différence stoïque, il a compris l'autre soir que
l'heure vengeresse avait sonné, non pas pour lui
seul, mais pour le parti républicain, et il a dit ce
qui devait être dit avec la plus belle des éloquences,
celle qui vient du cœur — et qui va aux cœurs.
Nous lui en sommes profondément reconnaissants.
Nous le remercions d'avoir fait entendre au pays
et à l'Europe, au-dessus des boniments d'un charlatanisme insolent, les mâles accents d'un patriotisme loyal et sincère. Nous le remercions d'avoir
opposé à l'enseigne misérable d'une démagogie
tantôt anarchique, tantôt césarienne, la pure et ra-
dieuse image de la République ouvrant ses bras à
la France. Nous le remercions d'avoir remis chacun

en son lieu et à son rang : les bons citoyens, sans
distinction de nuance dans le parti républicain, à la
place où ils ont le droit de porter haut la tête, — et,
au ban de l'opinion, tous ceux qui se sont fait de
l'outrage et de la diffamation un métier productif,
ceux qui font retentir, dans notre France mutilée,
le tocsin des guerres civiles, et, avec les revenants
de l'époque honteuse où l'on baisait la botte éperonnée d'un condottière, les revenants de l'époque
néfaste où l'on fusillait les généraux.

Oui, nous remercions Jules Ferry d'avoir dit ces
choses, de les avoir si bien dites, et l'immense majorité du pays l'en remerciera.

C'est, à la suite de ce discours où M. Boulanger était traité
de « Saint-Arnaud de café-concert, » que le commandant du
13ᵉ corps envoya ses témoins à M. Jules Ferry. Les témoins de
M. Boulanger exigèrent des conditions que ceux de M. Ferry
jugèrent inacceptables ; M. Ferry proposa un arbitrage que
M. Boulanger déclina.

LETTRES DE CLERMONT-FERRAND

INDISCIPLINE JÉSUITIQUE

16 juillet.

Le directeur du journal la *France* a reçu de M. Laur, député, la lettre suivante :

Paris, 15 juillet.

Mon cher Lalou,

Le général Boulanger m'adresse la lettre suivante. En toute autre circonstance, je me garderais bien de publier une correspondance intime, mais celle-ci jette une vive lumière sur l'attitude, les intentions et la personnalité du général si odieusement calomnié. Il me semble donc que cette lettre appartient plutôt au pays qu'à moi-même, et le général me pardonnera, je l'espère, mon indiscrétion.

Tout à vous,

Francis LAUR.

Voici la lettre du général Boulanger :

Clermont, 14 juillet 1887.

Mon cher Député,

Merci du fond du cœur de l'attachement que vous me gardez. J'y suis d'autant plus sensible que les amitiés se font plus rares ; mais de cela je me soucie peu, car je fais mon devoir et ne ferai jamais que mon devoir, en dépit des haines et des défections.

Ceux dont l'attachement ne résiste pas à des soupçons absurdes et que rien ne justifie dans mon attitude, *ceux-là peuvent tirer de leur côté*. Il me suffit de rester avec ceux qui veulent une France respectée et qui placent la patrie au-dessus des intrigues de parti et des intérêts de quelques-uns.

Je n'ai eu, je n'aurai qu'un but : crier aux Français qu'ils peuvent et doivent relever la tête, et que c'est la seule attitude qui convienne à un peuple comme le nôtre.

Merci de l'avoir compris, et croyez toujours à mes bien affectueux sentiments.

Général BOULANGER.

Nous connaissions déjà les sentiments amers que la séance de lundi dernier (1) avait fait naître dans le cœur de M. le général Boulanger. On colporte, en effet, depuis plusieurs jours, dans les couloirs de la Chambre, une dépêche adressée par l'ex-ministre de la guerre à M. Laisant, pour le remercier du discours qui avait valu à ce député la réprobation de la presque unanimité de ses collègues, le rappel à l'ordre sévèrement motivé de M. le président Floquet et la protestation de M. Clémenceau. Dans cette dépêche, M. Boulanger félicite M. Laisant de n'avoir pas été de ceux « qui lui ont donné le coup de pied de l'âne ».

M. Francis Laur, cependant, dans l'intérêt du général qui commande à Clermont-Ferrand, n'eût-il pas mieux fait de garder pour lui le billet intime

(1) Séance du 11 juillet.

de M. Boulanger? Sans doute, M. Boulanger « lui pardonnera son indiscrétion ». On fera croire difficilement, en effet, que ce soit pour le seul M. Laur, et non « pour le pays », que M. Boulanger ait écrit cette lettre, dont l'insolence n'égale que l'aigreur et le dépit. Libre assurément à M. Boulanger d'autoriser M. Clémenceau, qui pouvait sans doute se passer de la permission, « à tirer de son côté ». Mais de quel droit M. Boulanger se permet-il d'écrire que ceux-là seuls qui l'ont accompagné sur sa locomotive, qui outragent tous les jours le chef de l'État et les meilleurs patriotes, qui excitent le peuple à d'odieux charivaris, sinon à l'émeute, — que ceux-là seuls, M. Laisant et M. Laur, M. Laguerre et M. de Rochefort, « placent la patrie au-dessus des intérêts de parti et des intérêts de quelques-uns ? » Mais de quel droit encore M. Boulanger se permet-il d'insinuer que la France a attendu son arrivée au ministère de la guerre pour relever la tête ? La France, j'imagine, n'a pas attendu, pour relever la tête, que l'ancien courtisan du duc d'Aumale ait remplacé au ministère de la guerre les Campenon et les Lewal, les Farre et les Gresley.

Mais il y a pis encore : M. le général Boulanger n'est plus ministre de la guerre et il n'est pas encore, selon le vœu de M. Paul Déroulède, président de la République ; M. le général Boulanger est rentré dans le rang et, puisqu'il est rentré dans le rang, il est soumis, comme le premier caporal venu, à toutes les exigences de la discipline militaire. Or, la discipline interdit à tous les officiers en activité de service d'écrire, de publier une seule ligne, même non politique, sans l'autorisation du ministre de la guerre. Oh! j'entends bien! ce n'est pas à M. Laur, collaborateur de M. Lalou, c'est à son ami Laur que M. le général Boulanger a écrit, et il n'est point responsable de la publicité que son ami, le compagnon de voyage de M. Basly et de M. Ernest Roche à Decazeville, a donnée à son épître intime. Il n'en est pas plus responsable qu'il ne l'était de la publicité donnée à d'autres billets doux par le duc d'Aumale.... Eh bien! c'est là du jésuitisme pur et simple, une comédie indigne d'un homme qui a l'honneur de porter l'épaulette. M. Boulanger n'écrit pas aux journaux, oh! non! Mais il écrit à M. le maire de Clermont, à M. Laur, à M. Baillière, ancien colonel de la Commune, et si ces lettres sont imprimées toutes vives, il n'y est pour rien, c'est la faute à Laur et à Baillière. C'est ainsi que le père de M. Jourdain ne vendait pas de drap, mais en donnait obligeamment à des amis qui lui donnaient en échange quelque menue monnaie.

M. Boulanger ne viole pas la loi militaire : il la tourne, il la bafoue.

AUTRES DÉMENTIS

19 juillet.

M. le général Boulanger commence, paraît-il, à se douter que la discipline militaire a des lois auxquelles, tout grands que soient les protégés de MM. Laisant et Rochefort, les officiers généraux de l'armée française sont soumis comme les simples caporaux. Il vient, en effet, d'adresser à M. Laur le télégramme suivant, que la *France* affiche dans son bureau des dépêches, à côté, dit-on, de la bande bleue annonçant l'*Apéritif Boulanger :*

Francis Laur, député.

On me télégraphie que vous avez fait reproduire par la *France* une lettre de moi ; vous ignoriez sans doute que je n'ai pas le droit de signer quoi que ce soit dans les journaux.

. Général BOULANGER.

. M. le général Boulanger aurait agi plus correctement en ajoutant en *post-scriptum*, dans sa lettre à M. Laur, que l'épître était « strictement personnelle » et n'était point destinée à être reproduite dans tous les journaux de France et de Navarre, grâce à une amicale indiscrétion. Mais enfin M. le général Boulanger avoue de lui-même, ce qui est

bien gentil de sa part, qu'il n'a pas « le droit de
signer quoi que ce soit dans les journaux » ; il reconnaît ainsi que, la première fois où ceux de ses amis
qu'il n'a point encore daigné autoriser « à tirer de
leur côté » s'amuseront à publier des morceaux
choisis de sa prose, les pénalités de la loi militaire
lui seront applicables. C'est fort bien.

Quelque tardif que soit ce désaveu, quelque peu
intime qu'ait été la lettre à M. Laur, l'incident peut
être considéré comme clos.

Quant à la *France* qui demande au gouvernement
pourquoi il n'a point « fait éditer » la dépêche de
M. Boulanger à M. Laur, il sera permis de lui dire
qu'elle se moque du monde. Le gouvernement n'a
point publié la dépêche de M. Boulanger, parce que
le gouvernement n'a point l'habitude d' « éditer »
les dépêches particulières. Il n'avait pas à « éditer »
la dépêche de M. Boulanger à M. Laur, comme il
n'est pour rien dans la divulgation de la dépêche
de M. Boulanger, déjà nommé, à M. Laisant. Dans
une lettre adressée aux rédacteurs en chef du *Soir*,
du *Soleil* et de l'*Autorité*, lettre que nous avons
reproduite hier, M. Laisant appelle « le mépris
public » sur les ministres qui « ont violé le secret
des correspondances privées ». M. Laisant peut bien
appeler sur qui il voudra le mépris public ; le mépris
public n'a point l'habitude de suivre les indications
du député de la Seine. Mais, quant au secret des
correspondances privées en ce qui concerne la dé-

pêche de M. Boulanger sur les députés qui ont donné le coup de pied de l'âne à l'ex-ministre, M. Laisant n'a qu'à s'en prendre à lui-même s'il a été violé. « Je n'ai communiqué cette dépêche, écrit-il, qu'à un petit nombre d'amis, et dans l'intimité. » Hé ! c'est là que gît le lièvre. D'abord, parce que l'*intimité* en question était celle des couloirs du Palais-Bourbon, intimité telle, comme on sait, que M. de Cassagnac ne peut plus allumer un cigare à celui d'un membre quelconque de la Gauche ou de l'extrême Gauche sans que la presse entière en soit informée. Ensuite, parce que les amis à qui M. Laisant a communiqué le télégramme — si flatteur pour lui et si dur pour M. Clémenceau — qu'il avait reçu de Clermont, n'ont eu rien de plus pressé que de le raconter tout vif à leurs amis, — car les amis de nos amis sont nos amis, — à leurs épouses, — car un bon mari ne cache rien à sa femme, — à leurs maîtresses, — car, parmi les amis des amis, il y a des jeunes gens et même des maris volages, — à leurs concierges, — car il faut toujours être bien avec sa portière.

Allons ! monsieur Laisant, vous n'allez point « exiger des réparations judiciaires » de ces cent mille confidents !

CLÉMENCEAU JALOUX

21 juillet.

Nous avions le *Roi jaloux,* dans le *Romancero du Cid,* seconde série de la *Légende des Siècles.* Nous avons aujourd'hui, dans la *France,* sous forme d'une lettre de Clermont-Ferrand et sous la signature XX..., c'est-à-dire Francis Laur, un pendant à ce poème : *Clémenceau jaloux.*

Nous nous ferions un reproche de supprimer une ligne de ce morceau.

M. Laur, député, est dans la chambre du général qui, comme Achille, est malade du pied :

A mon humble avis de provincial, le général, si bon, si accueillant, si simple, est victime d'un complot d'une partie de la presse et du Parlement. Mais la question est de savoir si l'on défera facilement une popularité qui a maintenant des racines dans le pays. Le général en est réduit à assister en curieux à ce duel de l'opinion publique et du Parlement appuyé par la presse et le gouvernement. Le dirai-je? il n'est pas sans espoir.

Pauvre général ! il n'a plus l'agence Havas à sa disposition ! il ne peut plus polémiquer avec la presse ! Heureusement, l'espoir lui reste : *Il reviendra,* il pourra de nouveau polémiquer !

Mais, de toutes les blessures reçues dans ces derniers jours, la plus cuisante est celle qu'a faite M. Clémenceau. Le lendemain de la fameuse séance, j'étais là lorsque l'*Officiel* arriva au quartier du boulevard Sablon.

Le général avait été prévenu laconiquement, par les dépêches, de quelques amis, de l'incident. Aussi prit-il l'*Officiel* avec une certaine hâte, et, à mesure qu'il lisait, des monosyllabes lui échappaient : « Parole d'honneur, c'est incroyable ! — Sigismond Lacroix, passe encore ; — mais Clémenceau ! — Et personne pour me défendre ! — C'est lâche, c'est lâche ! — Mais pourquoi Clémenceau ? pourquoi Clémenceau ? répétait-il en donnant de formidables coups de reins sur son lit de douleur ; — Clémenceau, un camarade du collège de Nantes, non pas l'homme qu'on rencontre au coin de la politique, mais l'homme qu'on connaît depuis l'enfance, qui a été heureux de vous voir arriver, qui vous l'a dit. — Tenez, Driant, vous vous souvenez, trois jours avant mon départ, quelles protestations ! quelle effusion ! Et ce chiffre que nous avons échangé pour correspondre ensemble avec plus de liberté ! Et depuis, pas un mot, pas une divergence de vues, pas une querelle pour servir de prétexte. — Mais que s'est-il donc passé, bon Dieu !

M. Laur ne nous dit pas si Driant, le général Bertrand de l'exilé de Clermont-Ferrand, fit ici un signe d'assentiment ; s'il loua, par exemple, l'irréprochable correction de son chef échangeant un chiffre avec un homme politique pour correspondre avec plus de liberté. Mais M. Laur nous raconte, par compensation, ce qu'il répondit lui-même, sous le nom modeste d' « un interlocuteur » :

— Ce qui s'est passé ? a repris un interlocuteur. Voulez-vous que je vous le dise, mon général ? Eh bien ! rappelez-vous le soir du meeting de la Ligue des patriotes ? Evitant de vous montrer, vous êtes allé, en vous promenant, dans les bureaux de la *Justice*, et, pendant que vous causiez avec Clémenceau, une bande de manifestants, revenant ou allant à l'*Intransigeant*, est venue sous la fenêtre en criant : « Vive Boulanger! » On ne vous savait pas là pourtant.

Clémenceau, au bout d'un instant, s'est dressé, nerveux, interrompant la conversation :

— Écoutez-moi ces braillards !

Vous vous êtes mis à sourire comme à l'ordinaire, en disant :

— Ça passera !

Et vous vous êtes approché de la fenêtre sans l'ouvrir pour voir à travers les rideaux

C'est alors que Clémenceau s'est précipité sur les lumières en s'écriant : — « Éteignons tout! »

« Éteignons tout ! » O honte ! ô trahison ! N'avoir vécu que pour entendre cette infamie tomber de la bouche de M. Josse-Clémenceau ! Vous êtes orfèvre, monsieur Josse, vous travaillez dans la même partie que moi, mais vous y travaillez moins bien ! Vous êtes un républicain de la veille ; moi, je suis un orléaniste, un bonapartiste de la veille ; partant, je suis plus expert que vous en démagogie !...

Et M. Laur continue :

Croyez-moi, mon général, cet « éteignons tout » est une révélation. Si des cris de : « Vive Boulanger ! » s'étaient mêlés aux cris de : « Vive Clémenceau ! » vous n'auriez pas eu la défection de votre ami en pleine séance. Chacun vous a courtisé, passez-moi le mot, pour recueillir une bribe de votre popularité si désirable. Chacun s'est vu par avance sur votre liste ou dans votre ministère, chacun a escompté votre nom et votre amitié.

Et quand ils ont vu que toute la popularité allait à vous, que rien n'en revenait à cette Chambre que le pays déteste et n'acclame que pour la conspuer, quand les : « Vive Boulanger! » les ont eu assez agacés, assez convaincus de leur mauvaise gestion républicaine, — alors ils ont crié au voleur de popularité et le

parti tout entier a dit avec Clémenceau : « Éteignons tout ! »
— La concurrence, mon général ! Ils vous ont fait un procès en
concurrence déloyale, voilà tout.

C'est bien cela : la boutique n'est pas au coin du
quai. Dans la comédie d'Aristophane, deux esclaves
courtisent le vieux bonhomme Peuple : « Moi, dit
l'un, je t'éventerai contre le vent du sud. — Moi,
dit l'autre, je te gratterai où cela te démange. » Il
paraît que celui qui gratte Dêmos où cela le démange,
ce n'est pas M. Clémenceau.

Tous nos compliments à M. le général Boulanger...

Le général est resté silencieux après cette apostrophe. Puis,
se ressaisissant il a dit :

« Non, il y a autre chose. Clémenceau est au moins aussi loyal
adversaire qu'il est loyal ami ; on lui a forcé la main ; du reste,
il n'est plus autant son maître qu'autrefois ; ou bien il y a
quelque grossier malentendu, quelque potin immonde, quelque
chose comme l'histoire que le brave Madier de Montjau (qui me
connaît depuis Valence) me racontait tout dernièrement en déjeunant chez lui : vous savez, l'histoire des magasins du Louvre
me donnant deux millions pour ma réclame ! Et l'on fournissait
comme preuve irréfutable la voiture de l'hôtel attendant devant
le ministère tous les jours à midi... pour m'emmener déjeuner
chez moi. Madier en pleurait, et, devant mon indignation, il
m'adjurait d'être Washington et d'oublier toutes ces piqûres
d'épingle Talleyrand-Périgord, l'excellent ami Arnaud de l'A-
riège aussi, m'ont offert de l'argent, paraît-il, pour ma réclame,
et, chose curieuse, c'est toujours deux millions. Ces deux mil-
lions-là sont comme la marque de fabrique de la calomnie.

Le déjeuner chez Madier, voilà un chapitre d'histoire contemporaine que nous ignorions. Il faudra
nous le raconter, général !

Mais le général continue :

« Ah ! si j'étais à Paris, si j'avais le droit de répondre, si je n'étais pas bâillonné et garrotté par la discipline... »

« Bâillonné et garrotté par la discipline ! » Quelle horreur ! Pauvre général qui est soumis à la discipline ! Avec cela, cependant, qu'elle le gêne, la discipline ! Il ne peut pas écrire : et le sténographe Laur note toutes ses paroles, de sorte que la discipline est à la fois respectée et bafouée. O Escobar ! ô Sanchez ! vous n'aviez point trouvé celle-là !

Et le général exilé continue :

« Ah ! si j'étais à Paris, tout cela ne pèserait pas une plume et, en vingt-quatre heures, j'aurais sabré soit dans la presse, soit sur le terrain, calomnies et calomniateurs. »

Le capitaine Matapan ne parle pas autrement : « Sabrez tout ! » — Notez que le duel eût été au sabre ; impossible de faire raconter par les officieux qu'on a tiré en l'air.

« Mais non, il faut que je fasse encore à la République et à mon pays un sacrifice de mon honneur par mon silence. Le public comprendra-t-il ? Que faudra-t-il donc que je fasse si le sacrifice est au-dessus de mes forces ? L'avenir le dira. »

Ce jour-là seulement, le général m'a paru triste et abattu.

Tristesse d'Olympio ! Tristesse de Prométhée ! Tristesse de Boulanger !

Heureusement, conclut M. Laur, « le lendemain, « le général s'était ressaisi et parlait gaiement des

« nouveaux incidents ». — Sans doute de la dépêche immortelle dite : « du coup pied de l'âne ».

L'or est une vaine chimère,
Mais il faut savoir s'en servir.

On voit que le général exilé sait s'en servir.

Et la *France* ajoute en dernière heure :

Nos lecteurs ont lu plus haut la première lettre que nous avons reçue de Clermont-Ferrand. Notre correspondant télégraphie qu'il nous enverra ce soir la seconde lettre, relative aux propositions de coup d'Etat faites au général Boulanger par des députés monarchistes.

Le feuilleton est coupé au bon endroit : Ponson du Terrail n'a jamais mieux fait.

Mon Dieu ! que tout cela serait comique si le héros de cette burlesque *interview* n'était pas un général français, un soldat qui porte la plume blanche, un officier qui a eu l'honneur de commander en chef à notre armée !

23 juillet.

La *Justice* continue à laisser ignorer à ses lecteurs l'existence des lettres de Clermont-Ferrand. La presse républicaine a été unanime à flétrir le nouveau « Mémorial de Sainte-Hélène. » La *Justice* ne condamne pas ; elle ignore. Pourquoi ?

M. Clémenceau a commis autrefois ce distique :

Il n'est pas toujours bon d'être un grand personnage;
Les postes élevés ont leur désavantage.

Parmi ces désavantages — et ces devoirs — des postes élevés, l'un des principaux, pour un homme d'État, directeur de journal et chef de parti, est d'avoir une opinion sur les incidents de la politique et de faire connaître nettement, franchement, cette opinion. Pourquoi, dans les circonstances présentes, M. Clémenceau se soustrait-il à ce devoir?

24 juillet.

La *France* publie la suite des « Lettres de Clermont-Ferrand » qu'elle signe XX... et qui, peut-êtra, devraient être signées *trois étoiles*. C'est toujours la même façon jésuitique de tourner la discipline, le même charlatanisme éhonté, la même inconscience prétentieuse et sotte. Raconter, comme la chose la plus naturelle du monde, que l'on a été jugé capable par une demi-douzaine d'ennemis de la République de commettre un crime de haute trahison, et qu'ayant reçu de députés royalistes ou bonapartistes, qu'on se garde d'ailleurs de nommer, des propositions de coup d'État, on a négligé — étant ministre de la guerre—d'en informer le chef de l'État et le président du conseil, personne, depuis Bilboquet, ne s'était dit à soi-même des vérités aussi cruelles. Quant à l'accusation formulée par M. Boulanger contre 94 généraux qui seraient venus lui dire : « Nous sommes *prêts à tout;* commandez et l'armée française fera son devoir! » c'est une

simple indignité. Si l'ex-ministre de la guerre a reçu,
au lendemain de l'incident de Pagny, la visite de
94 généraux, — à supposer que 94 généraux aient
quitté leur poste, à pareil moment, pour venir
bavarder dans un salon ministériel, — ces officiers
ont pu lui affirmer qu'ils étaient prêts à faire leur
devoir, tout leur devoir, contre une agression étrangère; mais ils n'ont certainement pas prononcé la
misérable phrase à double entente que leur prête le
commandant du 13e corps.

On affirmait dans les couloirs de la Chambre que
le général Boulanger, dont la véracité est, comme
on sait, proverbiale, allait collectionner prochainement, du fait de ses révélations à M. Laur, une
ample série de démentis. C'est probable. En tout
cas, le scandale à jet continu dont M. Boulanger
donne l'exemple par ses lettres intimes, ses dépêches
chiffrées et ses conversations sténographiées, ce
scandale est intolérable. Certainement, nous ne
tenons pas outre mesure à ce que l'on fasse de ce
personnage un martyr. Mais il faut que la discipline
militaire soit une vérité. Or, que devient la discipline, nous nous permettons de le demander à M. le
ministre de la guerre, avec les mœurs nouvelles,
avec les procédés dégradants de réclame et de
puffisme, avec les habitudes de dérision de la loi
que M. Boulanger s'applique à introduire dans le
corps de nos officiers?

XX...

1er août

M. Albert Delpit avait raison : XX., l'auteur des lettres de Clermont-Ferrand, n'est point M. Francis Laru, député; XX. ne peut être que M. le général Boulanger.

Dans ces deux lettres retentissantes, dans la pitoyable rétractation qui a paru avant-hier soir dans la *France*, il n'y avait pas, en effet, un seul mot qui ne fût le contraire de la vérité.

Il y a juste un an aujourd'hui que M. le général Boulanger répondait par les démentis que l'on sait à la publication de ses lettres à M. le duc d'Aumale.

M. le général Boulanger a tenu à fêter dignement l'anniversaire de cette fameuse série de fausses affirmations.

Il y a réussi.

XX. écrivait, le 21 juillet, dans la *France*, que « deux tentatives d'embauchage avaient eu lieu « pendant les dix-huit mois du ministère Bou- « langer ».

Nous citons textuellement, car nous ne nous lasserons pas de remettre sous les yeux de nos lecteurs les pièces authentiques :

Deux tentatives d'embauchage ont eu lieu pendant les dix-huit mois du ministère.

L'UNE D'ELLES a eu lieu au printemps, après l'incident de Pagny.

Le général avait reçu la plus belle manifestation spontanée qui puisse honorer un ministre de la guerre. *94 généraux étaient venus dire à leur chef* : « La guerre va éclater demain ; si vous avez besoin *de notre appui moral pour parler haut et ferme, il vous est acquis. Nous sommes prêts à tout ; commandez et l'armée française fera son devoir.* »

L'affaire transpira et les monarchistes se dirent que le moment était venu d'agir sur l'esprit du général et de connaître ses véritables intentions. Déjà depuis longtemps *la Droite faisait des avances non déguisées.* La presse monarchique était tendre pour le général *et l'on votait tout ce qu'il voulait.*

Une délégation lui fut donc envoyée au ministère même, sous un prétexte quelconque, et, après mille circonlocutions, après un éloge pompeux et à brûle-pourpoint, on aborda enfin la question délicate. . . . .

Le général, de plus en plus serré par le raisonnement de ses interlocuteurs, — qui démasquaient lentement leurs batteries *et passaient des propositions de coup d'État par procuration, pour le compte des d'Orléans, au coup d'État personnel, pour le compte même du ministre,* — le général devenait de plus en plus sérieux.

Or il est démontré, prouvé, reconnu à cette heure qu'il n'y a pas une seule de ces affirmations qui soit autre chose qu'une invention pure et simple, une calomnie gratuite.

1º PREMIÈRE TENTATIVE D'EMBAUCHA-GE FAITE PAR 94 GÉNÉRAUX. — Devant l'indignation de l'opinion publique le sommant de donner les noms des 94 généraux qu'il accusait d'une abominable félonie, XX. a purement et simplement rétracté sa calomnie; dans une dernière lettre de Clermont, il a réduit la prétendue tentative d'embauchage à une « manifestation sympathique au sujet des menaces de l'Allemagne ».

2° DEUXIÈME TENTATIVE D'EMBAUCHAGE FAITE PAR UNE DÉLÉGATION DE LA DROITE. — Sommé de s'expliquer par l'unanimité de la presse monarchiste, sommé de dire les noms des députés royalistes qui l'auraient convié à commettre un crime contre la République, M. le général Boulanger a d'abord essayé de se dérober. « Je ne « préciserai pas tous les détails, avait écrit XX. « dans sa première lettre, *me réservant de mettre suc-* « *cessivement tous les points sur les i à mesure que* « *les dénégations se produiront.* Aujourd'hui, c'est « un scénario; demain, ce sera, *si on l'exige, la pièce* « *complète avec le nom des acteurs.* » — Au lieu de mettre les points sur les i, M. Laur, porte-parole de M. Boulanger, provoque M. Paul de Cassagnac. M. de Cassagnac ne donne pas dans le piège. De la *Justice,* qui a fini par sauter le pas, à l'*Autorité,* toute la presse réclame les noms. XX. s'exécute alors, et il donne, non pas les noms de toute la délégation, mais un seul nom, le nom de M. Delafosse. (Fidèle à son habitude constante d'être exact jusque dans le détail, il écrit : « M. Delafosse, député de la Manche » ; M. Delafosse est député du Cal-

vados.) M. Delafosse est le chef, ce nom doit suffire :

Ce nom-là, écrit-il, *en représente à lui seul plusieurs autres*
et la question unique qui se pose est de savoir de la bouche
même du député si l'entrevue que nous avons rapportée a eu
lieu, si la réponse a été faite. Que M. Delafosse dise le contraire,
Nous avons confiance en sa loyauté.

Eh bien ! c'était encore inexact, faux, archifaux !
Des 94 généraux accusés de félonie par leur ancien
chef, de la délégation de Droite accusée de trahison
par un ancien ministre, il ne restait qu'un homme,
un seul. «Que M. Delafosse dise le contraire ! s'é-
« cria XX.; nous avons confiance en sa loyauté. »
Eh bien, M. Delafosse, en la loyauté de qui XX.
déclarait ainsi avoir pleine et entière confiance,
M. Delafosse a adressé hier matin à M. Laur la
dépêche suivante :

Viro, 31 juillet, 7 h. 45 m.

JE N'AI JAMAIS FAIT PARTIE D'UNE DÉLÉGATION QUEL-
CONQUE AUPRÈS DU GÉNÉRAL BOULANGER. JE N'AI
JAMAIS REÇU MISSION DE PERSONNE DE LUI PROPOSER
QUOI QUE CE SOIT. Le général m'a toujours accueilli avec la
même cordialité et, si les paroles que lui prête votre correspondant ont été adressées à quelqu'un, j'affirme que ce n'est pas à
moi.

DELAFOSSE.

Donc, rien, rien, rien, sauf, comme on vient d'en
avoir les preuves matérielles sous les yeux, une
longue suite de calomnies, de diffamations, de mensonges : calomnie contre 94 généraux accusés d'a-

voir convié le ministre de la guerre à un crime contre la République ; — calomnie contre les députés royalistes accusés d'avoir proposé à M. Boulanger « un coup d'État par procuration, pour le compte « des d'Orléans, et un coup d'État personnel, pour « le compte même du ministre » ; — calomnie contre M. Delafosse directement, personnellement nommé comme le chef du parti du coup d'État. Tout cela pour se procurer un coup de réclame de plus, pour se donner le mérite, aux yeux de quelques badauds, d'avoir repoussé la dictature offerte, la couronne proposée !

Nous rappelons que, de l'aveu même de M. Laur, c'est de la propre bouche du général Boulanger qu'il a tenu ses révélations.

M. Laur, après avoir reproduit dans la *France* la dépêche de M. Delafosse, en fait suivre le texte des lignes suivantes :

Nous prévoyions ces dénégations dans un récent article, il y a quelques jours. Nous ne pouvons que maintenir ce que nous avons dit, tout ce que nous avons dit, et nous répétons qu'il est nécessaire de donner la parole au général Boulanger, qui seul peut faire la lumière complète.

Dans le cas où le ministre de la guerre ne donnerait pas cette autorisation au commandant du 13ᵉ corps d'armée, nous nous réservons, s'il y a lieu, de demander à la Chambre des députés de faire une enquête parlementaire. — F. L.

Une enquête parlementaire ? Quand ? Dans deux mois ? A la rentrée des Chambres ? Quelle plaisanterie !

J'écrivais l'année dernière à cette place, le 3 août 1886, à la suite de la publication des lettres de M. Boulanger au duc d'Aumale :

« En définitive, il est et demeure avéré que l'of-
« ficier général qui a momentanément encore l'hon-
« neur immérité de commander en chef à l'armée
« française a, par deux fois, en quelques jours, nié
« publiquement ce qu'il savait être la vérité. »

Je n'ai, aujourd'hui, qu'à reprendre presque tex-tuellement ma phrase de l'an dernier :

« En définitive, il est et demeure avéré que l'of-
« ficier général qui a momentanément encore l'hon-
« neur immérité de commander à un corps d'armée
« a, par trois fois, en quelques jours, affirmé pu-
« bliquement ce qu'il savait être le contraire de la
« vérité. »

M. Laur a raison : il est temps , en effet, d'ou-vrir une enquête, de couper court à ces scandales répétés ; il est temps de songer au bon renom de l'armée françaite !

2 août.

M. Delafosse a répondu hier à un rédacteur du *Figaro* qui lui avait demandé un *interview :*

Eh ! mon Dieu ! un coup d'État, mais je l'aurais approuvé, certes : car j'approuve Brumaire et Décembre, et j'admire les hommes qui ont sauvé ainsi la France par leur courage et par leur audace.

SI LE GÉNÉRAL BOULANGER AVAIT IMITÉ L'EXEMPLE DES NAPOLÉONS, J'ÉTAIS AVEC LUI; ET JE CROIS, EN LE

DÉCLARANT, SUIVRE TOUT SIMPLEMENT LES VOLONTÉS DE MES ÉLECTEURS.

« Quand fera-t-il quelque chose ? » me disent-ils toujours en parlant de lui.

Mais ce que je puis ajouter aussi, continue M. Delafosse en souriant, c'est que, quelle que soit l'interprétation donnée à ma pensée, LE GÉNÉRAL BOULANGER REDOUBLAIT D'AFFEC-TUEUSE AMABILITÉ VIS-A-VIS DE MOI, et peu après je fus invité à dîner au ministère. Il y avait là plusieurs généraux, une trentaine de députés républicains et cinq députés de la Droite, George Roche, de Turenne, Dugué de La Fauconnerie, Bénazet et moi.

Si M. Laur attribue à cette simple causerie de moi la portée d'une démarche officielle, vous voyez aussi combien il y a loin entre cette invitation gracieuse à dîner, et cette fière réponse que la légende des potins prête au général Boulanger.

M. Delafosse eût approuvé un coup d'État ; M. le général Boulanger s'imagine que M. Delafosse lui propose de faire ce coup. Conclusion : *M. Boulanger redouble d'affectueuse amabilité vis-à-vis de M. Delafosse.*

Tout autre était la version de M. Laur, observe alors M. Delafosse qui cite textuellement la prétendue réponse faite d'après XX., par M. Boulanger à la délégation de droite :

Je ne puis, messieurs, sous aucun prétexte, me laisser détourner de la tâche que je me suis imposée : préparer l'armée à la lutte inévitable. Toutes mes facultés me sont nécessaires et vous ne saurez jamais quelles angoisses, en ce moment surtout, nous étreignent à chaque heure. Nous ne dormons plus au ministère depuis plusieurs jours. Et vous voulez que je m'occupe aujourd'hui de je ne sais quelle combinaison politique que je ne veux même pas examiner ! Ce serait de la folie si ce n'était en même temps un crime envers la patrie.

Du reste, messieurs, il est bon qu'il n'y ait aucune équivoque entre nous. Depuis longtemps déjà je remarque dans vos votes une complaisance dont je ne saurais bénéficier plus longtemps. Retenez bien la déclaration que je vais vous faire !

Si jamais, messieurs, je participais à un coup d'État, ce serait contre vous et lorsque vous tenteriez de renverser la République.

Sur quoi, M. Delafosse, au rédacteur du *Figaro* :

EH BIEN ! NON : LE GÉNÉRAL BOULANGER M'A REMERCIÉ, FÉLICITÉ ET INVITÉ A SA TABLE.

HISTOIRE POPULAIRE ET ÉDIFIANTE

2 octobre 1887.

Les murs de Paris se couvrent, depuis quelques jours, de magnifiques affiches annonçant l'histoire patriotique et populaire du brave général Boulanger. Cette biographie sera, sans doute, très complète, et si M. Laur y a collaboré, elle comptera certainement autant de pavés que de chapitres. Voici, cependant, un épisode de la vie de l'illustre général que l'auteur de cette publication a peut-être négligé de reproduire. Nous nous faisons un véritable devoir de le signaler, d'après le *Journal de Bruxelles*, au Plutarque de M. Boulanger :

Il y a quelques jours, raconte notre confrère belge, les grandes manœuvres de son corps d'armée l'ayant conduit dans le département de la Loire, il a tenu à honneur de demander l'hospitalité à un homme dont les opinions sont aux antipodes des opinions de MM. Henri Rochefort et Laguerre. Cet homme, M. Auguste Gérin, a une très grande fortune, dont il fait le plus libéral usage pour toutes les œuvres catholiques. Lui-même est d'une piété admirable, assistant tous les jours à la messe, communiant chaque semaine, secourant les pauvres, visitant les malades, dévoué corps et biens à ceux qui souffrent, à l'Église et au pape.

Quelle serait l'attitude de M. le général Boulanger dans cette pieuse maison ? Notez d'abord qu'au dire du *Mémorial de la Loire* M. Auguste Gérin avait réservé à son hôte la chambre dite d'honneur, « la chambre réservée pour les évêques et archevêques qui honorent souvent de leur visite la demeure du bon M. Gérin... Sur les meubles sont placés en grand nombre des objets de piété. Des tableaux religieux couvrent les murs, les portraits de Pie IX, de Léon XIII, du comte de Chambord. » Le *Mémorial de la Loire* était inquiet : il espérait cependant que ces portraits et ces objets de piété n'empêcheraient pas le général de passer une bonne nuit.

Eh bien! le général Boulanger a passé une bonne nuit. « Le général, dit en effet le *Journal de Bruxelles*, a été si convenable, si empressé, si gracieux, il s'est si bien conformé aux habitudes de la maison, il a dit son *Benedicite* avec tant de piété et il a témoigné de sentiments si chrétiens et si conservateurs, que M. Auguste Gérin en est enchanté et que

7

les conservateurs et les catholiques de la région en raffolent. »

Le général Boulanger disant le *Benedicite* à la table de M. Gérin, quel beau sujet de tableau pour un peintre intransigeant! quel admirable pendant au Bonaparte édifiant par sa piété, dans une mosquée du Caire, les fidèles musulmans!

EXPLICATIONS ET SOUVENIRS

8 septembre.

M. Georges Laguerre vient d'adresser une lettre édifiante à M. Henri Rochefort. Cette lettre, par une délicate attention, est écrite dans le plus pur charabia d'Auvergne. On y trouve des phrases telles que celle-ci : « L'officier qui s'est fait d'encourir et de recevoir des démentis une imperturbable habitude. » Mais on y trouve aussi d'autres perles.

M. Laguerre s'indigne d'abord que le *Radical* lui ait prêté ces paroles : « Me refuse à venir contempler l'infamie prescrite par M. Ferron. » Non, il n'a point écrit cette phrase « idiote », il s'est servi d'une épithète plus « juste », et la dépêche qui a été promenée dans tous les cafés de Toulouse était ainsi conçue : « Ne puis ni ne veux venir assister à coû-

teuse et inutile comédie mobilisation du grotesque
Ferron (1). » Vous appréciez la différence. Ce n'est
point : « Belle marquise, vos beaux yeux me font
mourir d'amour. » C'est : « D'amour, vos beaux
yeux, belle marquise, mourir me font. » Ce n'est
point : « L'officier qui s'est fait une imperturbable
habitude de recevoir des démentis. » C'est : « L'officier qui s'est fait d'encourir des démentis une habitude... » Ce n'est point idiot, non, ce n'est point
idiot...

M. Laguerre reproche encore au *Radical* de lui
avoir rappelé son vote sur le projet de mobilisation.
Certes, l'honorable député de Vaucluse a voté,
mais voici comment il comprenait la mobilisation :
« Il s'agissait de tirer au sort, la veille au soir,
entre les corps d'armée mobilisables, et de voir le
général en chef recevoir l'ordre de mobilisation,
comme si la guerre était soudain déclarée. » Allons,
Laguerre, vous savez bien que, si M. le général
Boulanger lui-même était resté ministre, les choses
ne se seraient point passées ainsi, qu'il n'aurait pas
été procédé, la veille au soir, à aucun tirage au sort
et que votre ami n'eût mobilisé qu'un des corps
d'armée de la région de l'Ouest ou du Midi !

M. Laguerre s'en prend ensuite au général Ferron;
il lui fait un procès en règle. Faisant profession du

(1) M. Georges Laguerre avait été invité par des journalistes
de Toulouse à suivre avec eux la mobilisation du 17ᵉ corps
d'armée.

plus grand respect pour l'armée, M. Laguerre se contente, en effet, de traiter le chef suprême de l'armée française de personnage « grotesque, insuffisant, hypocrite, pitoyable, ridicule et *peureux* ». *Peureux* est d'un atticisme exquis. Vous avez, mon général, versé votre sang sur vingt champs de bataille ; vous êtes monté, le premier, à la tête d'une colonne d'assaut, dans le redan de Malakoff : peureux, vous dis-je, vous n'êtes qu'un peureux ; M. Laguerre l'affirme et M. Laguerre n'affirme pas en vain.

Mais ce n'est pas tout. Vous êtes peut-être, mon général, le plus ancien officier républicain de l'armée française ; vous étiez républicain aux temps durs, sous l'Empire, sous la réaction du 24 Mai, alors que d'autres envoyaient d'office à la messe les soldats placés sous leurs ordres et caracolaient dans les états-majors princiers ; eh bien, quand vous êtes entré au ministère de la guerre, « la République en est sortie... » Il paraît, en effet, que vous ne refusez rien aux députés de la Droite. M. Delafosse a bien écrit dans le *Figaro* : « Je reconnais que le général Boulanger *m'a accordé tout ce que je lui ai demandé, tout*. » Mais ce n'était là qu'un *lapsus calami* : c'est M. le général Ferron qui a accordé tout ce que lui demandaient M. Delafosse et M. Dugué de la Fauconnerie, *tout*.

Enfin, ô honte ! ô abomination ! M. le général Ferron a nommé grand officier de la Légion d'honneur « M. le général de Gallifet, l'égorgeur de Paris ». Voyons, Laguerre, il faudrait pourtant s'entendre. Vous ne lisez pas que l'*Intransigeant*, vous lisez d'autres journaux et vous connaissez, par conséquent, ce fait que j'ai déjà raconté et qui n'a pas été démenti : Au mois de juin 1871, au lendemain de la semaine sanglante, c'est M. le général Boulanger qui a accepté avec empressement et reconnaissance, des mains de M. le général Ladmirault, la cravate rouge de commandeur que M. le général de Gallifet avait refusée, lui, ne voulant point d'un trophée ramassé dans l'horreur douloureuse d'une guerre civile. Alors, que nous parlez-vous sans cesse, dans tous vos discours et dans tous vos écrits, tantôt à propos du général de Gallifet, tantôt au sujet de M. Thiers, « d'égorgeurs de Paris » ?

Égorgeur de Paris, le général de Gallifet ! Égorgeur de Paris, M. Thiers ! Voyons, Laguerre, avez-vous oublié que le 3 septembre 1878, au bout de l'an de M. Thiers, à Notre-Dame, vous étiez l'un « des commissaires de bonne volonté à qui Mme Thiers, — je cite textuellement le compte rendu de la *République française*, — à qui Mme Thiers avait confié le soin de recevoir en son nom et de placer suivant leur rang les innombrables amis de son mari ». Et la *République* ajoutait : « Nous croyons devoir donner ici les noms de ces jeunes gens ; ce sont : MM. Ed. Teisserenc de Bort, Linol, Violet, Salomon Reinach, Liévin, Eychenne, Sarchi, Richtemberger,

Laguerre, Grandjean...» — Et puis, Laguerre, avez-vous oublié, le 3 août 1879, l'inauguration de la statue du libérateur du territoire, à Nancy? Vous y étiez encore, ce jour-là (j'y étais aussi), mais vous n'y étiez pas en simple et modeste admirateur du grand patriote, mais comme délégué, disiez-vous, de la jeunesse française des écoles. — Et encore, votre première conférence à Montmartre, l'avez-vous oubliée? cette conférence où, sous la présidence de Clémenceau, vous fîtes un si bel éloge de Thiers que la salle devint houleuse et que Clémenceau, qui n'était déjà point démagogue à moitié, eut toutes les peines du monde à vous repêcher. Voyons, Laguerre, vous qui flétrissez avec tant d'éloquence « les égorgeurs de Paris », comment avez-vous perdu ces souvenirs? Vous datez votre lettre de la Bourboule. Les eaux de la Bourboule auraient-elles les vertus de l'eau du Léthé?

L'AFFAIRE CAFFAREL

UNE TRISTE AFFAIRE

8 octobre

On trouvera plus loin des détails sur le lamentable scandale qui vient d'être découvert au ministère de la guerre. Un officier général, appelé par une faveur imméritée à une haute mission, avait eu la faiblesse de se faire le complice, conscient ou inconscient, de gens sans aveu qui jouaient le rôle de courtiers en décorations civiles de la Légion d'honneur ; il trafiquait dans les prix doux de 25,000 à 50,000 francs. Il était devenu, pour cette besogne, l'associé de la fille Limousin — au domicile de qui, avenue de Wagram, il donnait audience à heure fixe à ses dupes —, d'un aventurier prussien, le baron de Kreitmayer, et, peut-être, d'autres personnages.

On a pu, on a dû nommer cet officier, qui n'a pas craint de déshonorer ainsi son uniforme : c'est le général Caffarel, ancien officier d'ordonnance de

Napoléon III, nommé, le 12 mars dernier, par le général Boulanger, malgré son passé bonapartiste et les irrégularités plus que regrettables de sa vie privée, aux fonctions de premier sous-chef d'état-major au ministère de la guerre, en remplacement de M. le général Peaucellier. M. Caffarel avait été promu, sous le même ministère, commandeur de la Légion d'honneur.

Dès que M. le ministre de la guerre a été informé du résultat de l'enquête de la préfecture de police, il a donné l'ordre d'écrouer le général Caffarel, révoqué, dès avant-hier, de ses fonctions et mis en non-activité par retrait d'emploi, et de le faire passer devant un conseil d'enquête. Le ministre est résolu à pousser l'enquête à fond; la « casse » sera peut-être grave : tant pis pour les misérables qui ont été les associés et les complices de M. Caffarel, du baron de Kreitmayer et de la fille Limousin !

Le *XIXe Siècle*, publiant ces douloureuses révélations, écrivait hier « On frémit quand on songe que les plans de mobilisation sont dans de pareilles mains. Qui trafique des décorations peut aussi bien trafiquer des secrets de la défense nationale... Peut-être, hélas ! le forfait suprême est-il déjà accompli. »

Le *XIXe Siècle* n'exagère point : les plans de mobilisation ont été, pendant la dernière période du ministère Boulanger, entre les mains du général Caffarel; c'est M. le général Ferron qui les lui a retirés dès son arrivée au ministère de la guerre. Il est même notoire, au ministère de la guerre, que M. le général Ferron avait manifesté à plusieurs reprises à M. le général de Larclause et à M. le général Haillot son intention de se séparer entièrement d'un fonctionnaire que son passé et sa conduite privée lui rendaient suspect. Mais il ne voulait point avoir l'air de poursuivre une œuvre de rancune contre les officiers que son prédécesseur avait appelés au ministère. Il hésita à traiter cet entourage, qui comprenait d'ailleurs des hommes d'une entière honorabilité, de braves et loyaux soldats, comme M. le général Boulanger avait traité, en d'autres temps, *en bloc,* celui de M. le général Thibaudin. M. Caffarel profita de cette indulgence. Bien que le service spécial de la mobilisation lui eût été retiré, M. Caffarel se trouvait forcément au courant du plan de mobilisation du 17ᵉ corps. Il sera sans doute avéré demain que l'affaire Aubanel et l'affaire Caffarel ne sont qu'une seule et même affaire.

Les journaux « boulangistes » se sont appliqués, avec un furieux acharnement, à rendre M. le ministre de la guerre responsable de la divulgation du plan de mobilisation vendu au *Figaro* par le sieur Aubanel; l'*Intransigeant* a même insinué, à plusieurs reprises, que l'auteur de la divulgation était le général Ferron. — Le bon sens public a fait justice de ces diatribes. — Les journaux « boulangistes » vont-ils rendre M. le général Boulanger responsable du scandale où se complaisait l'officier appelé par lui à l'une des plus hautes fonctions du ministère de la guerre ?

Ils auront, on peut en être assuré, deux poids et deux mesures. Nous n'avons, nous, qu'une mesure et qu'un poids.

LES ÉCURIES D'AUGIAS

11 octobre.

Il y a quelques semaines, lorsque le *Figaro* publia le plan de mobilisation du 17e corps d'armée, l'opinion fut unanime à demander au ministre de la guerre, qui n'avait pas attendu d'ailleurs les doléances de la presse pour agir, une enquête sévère sur l'origine de cette coupable indiscrétion. La publication anticipée de ce plan ne comportait point par elle-même, de conséquences graves. Ce qui était grave, inquiétant pour l'avenir, c'était le fait qu'un pareil document avait pu sortir du ministère de la défense nationale avant l'heure de la communication officielle, c'était l'évidence que la complicité ou la négligence d'un officier supérieur avait seule pu rendre possible un pareil détournement.

M. le général Ferron ordonna l'enquête, et l'enquête, d'abord, avança lentement. On découvrit

que le plan de mobilisation partielle avait été porté
au *Figaro* par un ancien déserteur qui travaillait
dans les bas-fonds du journalisme et, peut-être, de
l'espionnage; on apprit que ce document avait été
payé au prix misérable de 250 francs; mais comment Aubanel avait-il mis la main sur ce papier
secret ? Le ministère de la guerre et la préfecture
de police cherchaient, ne trouvaient pas. Sur quoi,
grande indignation de tous ceux qui s'appliquaient,
depuis le début, à transformer en une affaire de
parti cette affaire, déjà si triste, où l'intérêt de
l'armée, l'intérêt patriotique était seul en jeu. La
presse « boulangiste », naturellement, se distingua
par ses violences : un pareil scandale ne se serait
pas produit sous le précédent ministère ; le général
Ferron était un incapable, un traître; c'était lui_
même qui avait fait le coup avec le concours de
M. Rouvier. Je n'exagère pas; ces détestables
sottises ont été dites et redites, écrites, imprimées,
répandues à des milliers et des milliers d'exemplaires.

L'enquête, cependant, continua, et tout à coup, il
y a cinq ou six jours, comme on ne cherchait que
l'auteur de la divulgation du plan de mobilisation,
on trouva ce qu'on sait. Le moniteur de la presse
« boulangiste » change aussitôt de ton. Hier, il fusillait tous les complices présumés du sieur Aubanel ; c'était un feu roulant de peloton. Aujourd'hui,
l'*Intransigeant* ne saurait « trop conseiller au public

de ne pas s'emballer à propos de l'affaire Caffarel ;
le délit n'est pas encore démontré ». Et, après cet
appel au calme, cette conclusion qu'il y a certainement « quelque machination plus ou moins souter-
raine dans le bruit que le gouvernement provoque
à dessein autour de cette aventure ». Comment en
un plomb vil l'or pur s'est-il changé ? pourquoi
cette lave ardente s'est-elle changée en un filet d'eau
glacée ?

Comment ? pourquoi ?... Hé ! parce que le héros
principal de cette lamentable histoire avait été appelé au ministère de la guerre par le général Boulanger, parce que cet officier, que le général Lewal
avait renvoyé de son état-major, avait reçu du général Boulanger la cravate rouge de commandeur.
Si M. Caffarel avait été nommé par le général Campenon ou le général Gresley, M. Caffarel et le général Campenon ne seraient bons tous deux qu'à
être pendus haut et court. Mais M. Caffarel a été
nommé par M. le général Boulanger, et, dès lors,
on ne saurait trop conseiller au public « de ne pas
s'emballer ».

Ainsi va la presse dont le Sinaï est à Clermont-
Ferrand ; nous nous refusons, quant à nous, à raisonner ainsi. Sans doute, nous avons dû constater
que M. Caffarel était entré par le général Boulanger
au ministère de la guerre ; nous avons constaté de
même que M. Caffarel avait été officier d'ordonnance
de Napoléon III. Mais les origines de ce malheureux

peuvent-elles influer sur notre jugement? Encore
une fois, il n'y a point place dans cet incident pour
l'esprit de parti : il n'y a place, ici, que pour la justice, pour la justice militaire et civile de notre pays,
en qui nous avons confiance et à laquelle il n'appartient vraiment pas à la presse de se substituer
pour pousser soit à l'indulgence, soit à la rigueur.
La justice est saisie; elle a mission de faire la lumière, toute la lumière, sur cet affligeant épisode
des mœurs contemporaines; elle fera son devoir, elle
ne se laissera guider par aucune considération
étrangère, elle ne se laissera détourner de la voie
droite par aucune influence, elle fera comparaître
devant elle tous les coupables, tous les complices,
tous, sans exception. Mais, en vérité, ces coupables
et ces complices sont déjà trop nombreux pour
qu'il soit bon d'encourager les policiers du reportage à outrance dans le jeu où ils paraissent se
complaire. Il pleut assez de boue comme cela. Il
est vraiment inutile de chercher à éclabousser à tort
et à travers tout l'Annuaire de l'armée française et
tout le Bottin du Parlement.

Quand les honnêtes gens entrent dans les écuries
d'Augias, ce n'est point pour se boucher le nez et
s'en aller : — ce dégoût distingué, c'est de la complicité; — c'est pour y faire passer les grandes eaux
du fleuve Alphée. Les eaux vengeresses passeront
dans tous les coins et recoins, on peut en avoir la
certitude, et l'exemple sera tel que le goût de la ré-

cidive passera aux plus cyniques et aux plus effron-
tés. Mais, de grâce, qu'on laisse faire la justice et,
sous prétexte de réprimer le scandale, qu'on cesse
de le multiplier à plaisir ! Depuis trois jours, on
n'entend crier dans toutes les rues que l'annonce
des plus épouvantables révélations. Ah çà ! faut-il
rappeler à la préfecture de police que le cri du titre
des journaux est seul autorisé et que tout autre cri
est interdit par la loi ? Nous ne sommes pas seuls
au monde ; tout ce que nous disons est entendu au
dehors ; tout ce que nous écrivons est lu par l'étranger : on pourrait bien y penser un peu. Nous venons
de découvrir un tombereau de linge sale ; lavons-le
en famille, de grâce ; ne salissons pas nous-mêmes
notre linge propre, n'imprimons pas que la France
est une sentine. Nous ne saurions lire dans un
journal étranger, sans en éprouver une vive indignation, que la France est gouvernée par des coquins. Or, c'est un journal français qui se permet
d'écrire que le gouvernement nécessaire, c'est un
gouvernement d'honnêtes gens, insinuant ainsi que
les ministres républicains, que le courageux citoyen
qui a assumé, dans un temps difficile, la responsabilité du pouvoir, que le diplomate éminent qui a su
partout et toujours faire respecter les droits de la
France, que l'ami et le collaborateur de Gambetta
qui continue avec tant de sagesse et de dignité la
tradition des grands maîtres de notre Université,
que le soldat intrépide et savant qui commande en

chef à notre armée, ne sont pas d'honnêtes gens.
Eh bien ! j'ose dire qu'il n'y a pas que le scandale
de la bande Limouzin et Cie qui appelle la réproba·
tion et la répression.

AUTRE SCANDALE

12 octobre.

M. le général Boulanger a eu hier une conversation
avec un reporter de la *Nation,* au sujet de l'affaire
Caffarel. L'ancien ministre de la guerre a tenu au jour·
naliste qui l'interrogeait les plus étranges propos.
Après avoir avoué, sans se faire prier, qu'il avait
nommé un adjudant sur la recommandation de la
femme Limousin : « Je n'ai pas à me dissimuler un ins-
« tant, a-t-il dit, que l'affaire Caffarel est dirigée contre
« moi. » Et comment? On découvre, au ministère
de la guerre, un haut fonctionnaire prévaricateur,
on le révoque, on l'arrête, et M. Boulanger y voit
un complot contre sa personne ! En vérité, voilà qui
est inattendu ! L'ancien ministre veut bien aussi
nous faire savoir ce qu'il aurait fait si cet incident
se fût produit quand il était au pouvoir : « J'aurais,
« dit-il, appelé dans mon cabinet le général Caffa-
« rel, et lui aurais dit : — Voici ce dont on vous
« accuse ; est-ce vrai? Si oui, prenez ce revolver et
« faites-vous prestement sauter la cervelle. »

« Prenez ce revolver » est, évidemment, tout à
fait antique, mais c'est aussi un peu comique. On ne
se représente pas très bien le ministre de la guerre
ayant toujours sous la main un revolver de service
à la disposition de son entourage, et, de plus, cette
façon d'éviter le scandale nous semble assez réus-
sie. Un sous-chef d'état-major se brûlant « prestement » la cervelle dans le cabinet du ministre de la
guerre, c'eût été assez alléchant, et, si « prestement »
que l'opération eût été faite, on en aurait un peu
parlé dans Paris. Il est vrai que le général Boulanger n'avait aucune relation avec la presse, et que le
suicidé, sans aucun doute, n'aurait rien dit ; mais,
malgré tout, cette balle aurait fait quelque bruit :
sous M. Boulanger, toutes les balles, même celles
qu'il échangeait sans résultat, mettaient le monde
en émoi. Il paraîtra, au surplus, que le général de
Clermont-Ferrand est assez mal placé pour donner
une consultation aux journaux sur la façon d'éviter
les scandales. Il ne nous souvient pas qu'il en ait
évité aucun avant, pendant ou après son passage
aux affaires, et il ne semble pas se douter que cette
conversation, rendue publique, et où un commandant de corps d'armée discute et blâme les actes du
ministre de la guerre, est un scandale de plus.

Mais ce n'est pas tout. Après avoir eu l'audace de
déclarer à un reporter, chargé de publier ses propos,
que l'affaire Caffarel avait été inventée contre lui,
M. le général Boulanger a rappelé le rédacteur de

la *Nation*, qui n'en demandait pas tant, pour se livrer à de nouvelles attaques contre le ministre de la guerre, son chef, à propos de la fabrication des fusils Lebel. Le commandant du 13e corps d'armée s'est permis d'exprimer un doute sur l'exactitude des chiffres communiqués par M. le général Ferron à la commission du budget ; il a blâmé et raillé l'interruption du travail de nuit à Saint-Etienne. « Si, dans les manufactures d'armes, avait dit M. le général Ferron, on a dû réduire le travail de nuit, en raison des nombreux rebuts et du surcroît de dépense qui résultent de ce travail, le rendement quotidien n'en a pas été diminué ; on a pu régler, en effet, la fabrication de telle sorte qu'elle a été constamment augmentée. » La commission du budget avait été unanime à approuver cette loyale explication. Voici, maintenant, en quels termes M. Boulanger l'apprécie : « On vient de reprendre le travail de nuit sans que le prix en ait été diminué, j'imagine. Quant à l'autre raison donnée, je vous demande en conscience s'il peut y voir infériorité dans un travail de nuit, ce travail étant complètement exécuté par des machines, rien que par des machines. »

Ce nouveau scandale donnera sans doute à M. le ministre de la guerre l'occasion de faire preuve, une fois encore, de décision et de fermeté. S'il pouvait être admis un instant qu'un officier, en activité de service, peut s'arroger le droit de polémiquer par la voie du reportage, — et de polémiquer à la façon

des feuilles de l'intransigeance, — contre le chef
suprême de l'armée, c'en serait fait de la discipline,
ce serait l'anarchie et la plus détestable des anar-
chies : l'anarchie militaire.

M. le général Boulanger s'imagine sans doute
qu'il est au service d'une république hispano-américaine. Il est temps de le rappeler à la notion de la
réalité.

L'ANARCHIE MILITAIRE

13 octobre.

Ce n'est pas seulement à un reporter isolé de la
Nation que M. le général Boulanger a tenu l'intolérable langage que nous avons signalé hier. Le commandant du 13ᵉ corps d'armée a tenu les mêmes
propos à dix autres rédacteurs qui se sont empressés
(ils n'étaient venus ou ils n'avaient été appelés à
Clermont-Ferrand que pour cela) de les livrer à la
plus bruyante publicité. M. le général Boulanger n'a
pas le droit d'écrire dans les journaux sans l'autorisation du ministre de la guerre ; le règlement est
formel ; mais M. le général Boulanger est au-dessus
des règlements : il n'a pas le droit d'écrire ; soit ! il
dicte. Et le *Soir*, le *Gil Blas*, le *Matin*, nous appor-
tent, par dépêches spéciales, les confidences identi-
ques du général de Clermont-Ferrand.

L'affaire Caffarel ? Sans doute, M. le général Boulanger reconnaît avoir appelé M. Caffarel à l'état-major général ; — il reconnaît même avoir promu un adjudant à la demande de la femme Limouzin ; mais ce scandale, il a été inventé contre lui, pour le perdre, par ses ennemis, par ses envieux, par le général Ferron. — M. le ministre de la guerre n'est point nommé, il n'est que désigné. — Et M. Boulanger insiste ; il tient avant tout à ce qu'on sache bien qu'il accuse le gouvernement de la République, ses chefs hiérarchiques, d'avoir machiné contre lui ce coup perfide.

« Je sais, dit-il au rédacteur du *Gil Blas*, que la campagne qui est menée actuellement est tout entière dirigée contre moi. » — « Au moment du départ, écrit le rédacteur du *Matin*, il a insisté auprès de moi sur la nécessité de déclarer bien nettement que l'affaire Caffarel était uniquement dirigée contre sa personne... »

Et de même pour l'affaire des fusils Lebel. Le général n'attend pas qu'on l'interroge ; c'est lui-même qui provoque à une débauche de reportage le rédacteur de la *Nation* et celui du *Gil Blas*. « Le général, dit le rédacteur du *Gil Blas*, m'a demandé si j'avais vu le compte rendu de la commission du budget. Sur ma réponse affirmative : « Vous voyez... » Et M. Boulanger déclare que « le travail de nuit a été repris à Saint-Étienne sous la pression de l'opinion publique et de la presse », — ce qui est notoirement faux ; — il réédite contre le ministre de la guerre la lettre de M. Borie, les articles de l'*Intransigeant*, si bien qu'il devient difficile de savoir si M. Borie a renseigné M. Boulanger, ou si M. Boulanger a inspiré M. Borie, — ces deux hypothèses, après tout, pouvant être également fondées.

Nous le disions hier : ceci a un nom, c'est l'indiscipline, c'est, au premier chef, l'anarchie, l'anarchie militaire. Et nous ne nous lasserons pas de le répéter. On aura beau nous faire savoir que le général a été acclamé à Montluçon par de libres citoyens « qui se pendaient aux traits des chevaux, les empêchant ainsi d'avancer ». On aura beau nous aviser avec fracas que l'honorable M. Préveraud et l'honorable M. Lacôte ont glorifié, en réunion publique, l'ancien lieutenant du duc d'Aumale. Si l'on croit nous intimider par le récit de ces pompes et de ces harangues césariennes, on se trompe. Non seulement la presse boulangiste ne nous intimidera pas, mais elle ne fait que nous encourager dans notre résistance au plus malsain et plus funeste courant de fausse popularité. Plus il y aura d'esclaves ivres pour dételer les chevaux du général et pour se ravaler, eux, citoyens libres d'une libre République, aussi bas qu'il est possible, plus nous resterons fermes, inébranlables sur le terrain où nous nous sommes placés, résolus à assurer la suprématie du pouvoir civil, résolus à ne pas incarner la patrie dans un soldat indiscipliné qui calomnie publiquement ses chefs.

Car la calomnie est manifeste, grossière, évidente. C'est le général Ferron qui a monté l'affaire Caffarel contre M. Boulanger ! Mais lisez donc la *Lanterne*, général, la *Lanterne* qui n'a pas été, j'imagine, et qui n'est point de vos ennemis, la *Lanterne* qui fut à la tête des manifestants de la gare de Lyon. D'abord la *Lanterne* vous donne une leçon : elle avait reçu de vous la primeur de vos confidences ; elle déclare en propres termes qu'elle n'a point voulu les publier « sous forme de conversation », parce qu'elle connaît les règlements militaires. Puis la *Lanterne* vous dit à qui nous devons la publicité de l'affreux scandale que l'on sait. Le général Ferron aurait voulu se contenter de la mesure disciplinaire qu'il avait prise, le 5 octobre, contre M. Caffarel. Il l'avait mis en non-activité par retrait d'emploi, — la plus sévère des mesures disciplinaires qui puisse frapper un officier, — et il l'avait chassé de l'état-major. Il eût préféré ne pas éclabousser l'uniforme français de toute la fange de l'affaire Limouzin. Mais il avait compté sans le zèle de la préfecture de police, il avait compté surtout sans la furie de l'information à outrance. Commentant les notes du parquet que nous avons publiées hier, la *Lanterne* écrit : « Ce n'est pas le ministère, ce n'est pas M. le général Ferron qui ont commencé l'affaire ; c'est la préfecture de police. » — La vérité, c'est que c'est le *XIXe Siècle*.

Maintenant que ce tonneau de fange est tiré,

sans doute il faut aller jusqu'au bout. Ce qui est fait est acquis, irrévocablement acquis, et, comme nous n'avons cessé de le dire depuis le premier jour, il faut que l'enquête soit poussée à fond, qu'il soit fait bonne et prompte justice de tous les coupables, de tous les complices, de tous, sans exception. Mais, ceci dit, il faut bien rendre au *XIXe Siècle*, qui a a reçu le premier les renseignements encore inconnus du parquet et qui les a publiés aussitôt, ce qui est au *XIXe Siècle*, journal d'ailleurs boulangiste. La préfecture affirme n'avoir communiqué aucun document relatif à l'affaire dite « des décorations». Il n'en reste pas moins établi que le parquet n'a connu cette affaire que par les journaux.

Mais ce scandale-là est-il le seul qui appelle une énergique répression?

Non, cent fois non. C'en serait fait de la justice française si la bande Limouzin ne recevait pas le châtiment exemplaire qui lui est dû. Mais c'en serait fait — et cela serait encore plus grave — de la discipline dans notre armée nationale, si l'on se résignait à admettre qu'un officier, en activité de service, peut s'arroger le droit de diffamer ses chefs et de fouler aux pieds les règlements militaires.

M. le général Boulanger, commandant du 13e corps d'armée, a-t-il, oui ou non, tenu le langage que lui attribuent, sans s'être mis d'accord, à la même heure, les reporters amis qui l'ont interrogé, peut-être à sa demande, au siège de son comman-

dement? Si M. le général Boulanger nie l'exactitude de ces propos, comme il avait commencé par
nier ses lettres au duc d'Aumale, ce sera affaire
entre lui et la *Nation*, le *Soir*, le *Gil Blas*, le *Matin*,
et une enquête sera nécessaire. Mais, si M. le général
ral Boulanger avoue, il faut — ou c'est la fin de la
discipline dans notre armée — que les règlements
militaires lui soient appliqués dans toute leur salu-
taire rigueur. Un simple sous-lieutenant qui écrit,
sans autorisation, dans un journal, alors même
qu'il n'écrit point pour diffamer ses chefs, est puni.
M. le général Boulanger ne peut pas être au-dessus
de la loi.

Qu'on y prenne garde, en effet, car le moment
est grave, critique. Si M. le général Boulanger, reconnu coupable d'indiscipline, peut demeurer im-
puni, c'est que le gouvernement de la République
ne sait plus vouloir et, « quand on ne sait plus vouloir, — ce n'est plus moi qui parle, c'est M. Henry
Maret dans le *Radical,* — quand on ne sait plus
vouloir, il faut bien que quelqu'un veuille pour vous.
Alors, si l'on n'a pas la chance de tomber sur un
véritable homme d'État, capable de faire pénétrer sa
conviction dans les esprits, et de réunir les individualités effarées, on risque fort d'avoir affaire à un
brutal dont la botte et les éperons tiennent lieu de
loi et de prophète. Et, la comédie se terminant par
une apothéose, le rideau baisse et c'est la nuit. »

Quelle nuit? La nuit de Décembre. « Et les mou-

tons bêlent dans l'espoir d'être prochainement tondus. Ils le seront. »

Eh bien! non, ils ne seront pas tondus!

M. Rouvier veut-il être ce véritable homme d'État
« capable de faire pénétrer sa conviction dans les
esprits et de réunir les individualités effarées? » Il
l'a été aux heures difficiles où il a pris un pouvoir
dont la responsabilité faisait reculer les maréchaux
de la République, et où il a su, lui, faire son devoir.
Il peut, il doit l'être encore (1).

(1) La *Lanterne* du 27 octobre publia un entrefilet, d'origine évidemment auvergnate, me menaçant, en ma qualité d'officier de
réserve et d'officier d'ordonnance éventuel du général de Galliffet
de suspension et de conseil d'enquête pour le cas où M. Boulanger reviendrait au ministère.

Le 14 octobre, le ministre de la guerre avait infligé trente
jours d'arrêt forcé à M. Boulanger qui avait avoué, après
quelque hésitation, les *interviews* de la *Nation* et du *Gil Blas*.

III

CAMPAGNE CÉSARIENNE

On trouvera, dans un second volume, le récit du rôle joué par M. Boulanger pendant la crise présidentielle de décembre 1887.

Le commandant du 13e corps d'armée félicita dans une dépêche, M. Carnot, son ancien collègue du ministère Freycinet, de son élévation à la présidence de la République. Le mois de janvier et la première quinzaine de février se passèrent sans autres incidents. On apprit cependant, le 16 février, qu'un comité dirigé par M. Thiébaud, ancien candidat bonapartiste dans les Ardennes, proposait la candidature de M. Boulanger dans les départements des Hautes-Alpes, de la Côte-d'Or, de la Loire, du Loiret, de la Marne et de Maine-et-Loire, qui étaient appelés à élire, le 22 février, des députés en remplacement de M. Carnot, élu Président de la République, de MM. Chaix, Reymond.

Cochery, Margaine et Bizot de Fontenay élus sénateurs, Duché et Chevalier, décédés.

M. Boulanger obtint, sans être élu, 123 voix dans les Hautes-Alpes, 9,487 dans la Côte-d'Or, 12,532 dans la Loire, 4,376 dans le Loiret, 16,007 dans la Marne, 644 dans la Haute-Marne et 11,391 dans Maine-et-Loire.

LE COMITÉ THIÉBAUD

28 février 1888.

Spuller écrivait jeudi dernier à cette place : « Ce
« qui est frappant, c'est que la lutte dans les dé-
« partements appelés à voter le 26 février, ne
« paraît pas s'établir comme autrefois sur des ques-
« tions de principe ou même sur des programmes ;
« on assiste à des rivalités entre personnes dans la
« plupart des cas. » Le *Temps* d'hier, commentant
les élections de dimanche, faisait, après le scrutin
la même remarque : « Il est certain que, dans la
« Marne, c'est la personne de M. Bourgeois qui a
« triomphé, et non la séparation de l'Église et de
« l'État, qu'il a cru devoir inscrire sur sa profes-
« sion de foi ; il est probable que, dans la Côte-d'Or,
« les engagements pris en 1885 ont décidé un cer-
« tain nombre de modérés à voter pour M. Cernes-
« son. » Le *Temps* étant de notre avis, il va de soi

que nous trouvons qu'il est impossible de mieux raisonner que lui.

Cela est fort bien ; mais cependant les radicaux triomphent. Il fallait les entendre, hier, dans la salle des Pas-Perdus : « La belle poussée de radi- « calisme ! le pays » — on dit toujours : le pays, dans ces cas-là, — « le pays réclame, exige un mi- « nistère radical ! Fini l'opportunisme ! Finie la « politique de modération et de sagesse !... »

Eh ! sans doute, il faut toujours laisser vingt-quatre heures à ses adversaires pour exagérer leur victoire. Mais enfin, comme rien au monde n'est plus misérable ni plus sot que la politique de l'au-truche qui cache sa tête dans le sable pour ne pas voir approcher le chasseur, nous sommes bien for-cés de reconnaître que les électeurs de sept dépar-tements étaient appelés dimanche à remplacer 9 députés : 8 progressistes et 1 réactionnaire, et qu'ils ont élu 4 progressistes, 3 radicaux, et 1 réac-tionnaire ; il y a dans la Haute-Marne un ballottage où le radical tient la tête. Donc, les radicaux in-transigeants ont quelque sujet d'être joyeux. Ils enflent leur succès, cela est certain, mais ils ne l'inventent pas, cela est évident. Cela apprendra-t-il aux électeurs du Loiret et de la Côte-d'Or à ne pas sacrifier mal à propos à la *Fata Morgana* de la con-centration ?

On doit l'espérer, mais il faut bien ajouter que ce n'est là qu'une espérance.

Hélas ! il y a autre chose encore dans les élections d'avant-hier.

On sait qu'un comité anonyme, présidé par un ancien candidat bonapartiste, avait proposé dans les sept départements appelés à voter dimanche la candidature illégale de M. le général Boulanger. L'auteur de cette belle invention plébiscitaire, M. Georges Thiébaud, est un homme qui ne met point son drapeau dans sa poche : « La Provi- « dence », disait-il dans son journal, « fait pousser « dans les forêts mystérieuses et profondes, de ro- « bustes baliveaux pour emmancher de nouveau le « balai de 1851. » M. le général Boulanger, pour M. Thiébaud, était donc un « robuste baliveau ». Intrigue orléaniste ! piège opportuniste ! s'écria le chœur des feuilles intransigeantes, dès que M. Thié- baud eut posé la candidature de M. le général Bou- langer. On invita le général à protester. Pendant quarante-huit heures, la presse de Clermont-Fer- rand attendit avec impatience le moment heureux où elle nous accablerait sous un télégramme de la bonne encre (celle de la lettre au duc d'Aumale) : « Je proteste avec indignation contre l'odieuse ma- « nœuvre où les ennemis de la République voudraient « compromettre un soldat respectueux de la loi. » Le télégramme vint, mais il était moins éloquent : « J'ai été, » disait bien doucement le général, « et « je demeure étranger à tout ce qui se passe rela- « tivement aux élections législatives du 26 février. »

9.

Ce n'était point très décourageant. — M. Félix
Pyat écrit de même aux Phocéens. « Si le devoir
« de représenter Marseille m'est seulement *proposé*
« je préfère garder mon poste de sentinelle au *Cri*
« *du Peuple;* mais, s'il m'est *imposé*, j'accepterai. »
— Là-dessus M. Thiébaud d'envoyer, à ses frais,
190,000 circulaires et 480,000 bulletins, rien que
dans la Loire, et M. le général Boulanger d'obtenir,
avant-hier, dans l'ensemble des sept départements,
54,671 voix. On dira demain que ces 54,671 voix
sont toutes réactionnaires; mais il suffira de relire
les scrutins de Maine-et-Loire et du Loiret pour
avoir la preuve du contraire.

« Chaque fois que la patrie baisse, disait Gambetta, le jésuitisme monte. » Chaque fois que le radicalisme monte, le césarisme grimpe après lui.
C'est sans surprise, mais ce n'est point sans tristesse, que nous faisons, une fois de plus, cette
constatation.

PAS ENCORE !

6 mars.

Le général Boulanger a écrit à M. le ministre de
la guerre, qui l'avait interrogé sur sa participation
à l'agitation électorale de M. Thiébaud, une lettre

qui peut se résumer en ces deux petits mots : « Pas encore. »

Sur le ton le plus gracieux, — celui de César repoussant la couronne que lui offre le Thiébaud romain qui s'appelait Antoine, — le général Boulanger, vu les circonstances, « prie ses amis de ne pas égarer sur lui des suffrages qu'il ne peut accepter ». Un point ; c'est tout...

La Charte républicaine interdit à un officier général en activité de service d'être candidat à l'une ou l'autre des deux Chambres : M. le général Boulanger ignore la Constitution. — La presse républicaine a été unanime à condamner la manœuvre plébiscitaire du 26 février, manœuvre dont d'anciens bonapartistes ont été les principaux organisateurs : M. le général Boulanger ne trouve pas un mot pour condamner la manifestation de ses « amis ». — La loi permet à M. le général Boulanger de poursuivre devant les tribunaux les individus qui posent, sans son autorisation, sa candidature, usant d'un nom qui ne leur appartient pas : M. le général Boulanger n'annonce point son intention de poursuivre ceux qui ont posé, le 26 février, sa candidature et qui continuent à la poser dans l'Aude, l'Aisne et les Bouches-du-Rhône. Tout cela n'est rien moins que net et clair, tout cela n'est point le désaveu que l'on attendait, que le gouvernement de la République était en droit d'exiger dans l'intérêt de la discipline.

Après cette lettre, beaucoup trop diplomatique, insuffisamment militaire, M. le général Boulanger n'a plus qu'un moyen de prouver sa sincérité : si les fauteurs de la manifestation du 26 février s'obstinent à poser la candidature du commandant du 13ᵉ corps aux trois sièges qui se trouvent vacants depuis quelques jours, M. le général Boulanger a le devoir de poursuivre devant les tribunaux les personnages qui usent indûment de son nom. Que M. le général Boulanger use de ce droit : sa sincérité, sa loyauté républicaines seront alors, mais seulement à cette condition, indiscutables ; — nous serions les premiers à nous en applaudir ; — sinon, tous les doutes resteront permis.

9 mars 1888.

La *Justice* s'est décidée — après le *Radical*, après le *Rappel*, après le *Mot d'Ordre* — à dire son mot de « la question Boulanger » : elle reconnaît que le commandant du 13ᵉ corps d'armée parle un langage qui n'a rien de républicain. « J'énonce un fait incontestable, » écrit M. Pelletan, « en disant qu'il y a un accent de révolte indignée, naturel à l'homme auquel on prête un rôle indigne de lui, et que personne n'a reconnu dans ce qu'a écrit le général. »

C'est fort bien ; mais pourquoi M. Camille Pelletan écrit-il en même temps : « Nous n'avons jamais été *ni parmi les partisans*, ni parmi les adversaires du général Boulanger ? » Qui donc la *Justice* espère-t-elle tromper ?

Que M. Pelletan lui-même, personnellement, n'ait jamais été des partisans déclarés de M. Boulanger, soit. Mais M. Pelletan n'écrit pas au *Matin*, journal « indépendant » ; il est rédacteur, et même rédacteur en chef, à la *Justice* ; la *Justice* a pour directeur politique M. Clémenceau ; et qui est plus responsable de la fortune de M. Boulanger, du trouble qu'elle a déjà porté dans le pays, des menaces dont elle est grosse pour l'avenir, qui en est plus responsable que M. Clémenceau ?

M. Clémenceau se fait apporter aujourd'hui la cuvette de Ponce-Pilate et dit : « Je ne connais pas ce général ! » Maintenant que les derniers masques sont tombés, que seuls les pires aveugles (ceux qui ne veulent pas voir) ne voient pas, on voudrait bien maintenant se laver les mains, — M. Clémenceau, pas M. Camille Pelletan, — de l'affaire Boulanger.

Nous ne le permettrons point et nous rappellerons que, si M. le général Boulanger a remplacé le général Campenon au ministère de la guerre le 8 janvier 1886, c'est M. Clémenceau qui l'a voulu.

C'est M. Clémenceau qui est allé chercher à l'hôtel du Louvre, où il s'agitait déjà, M. le général Boulanger, retour de Tunisie, pour l'imposer à la déplorable complaisance de M. de Freycinet.

Que la responsabilité officielle d'un tel choix incombe à M. de Freycinet, on n'en disconvient pas; c'est M. de Freycinet qui était président du conseil et il n'était pas plus obligé de recevoir des mains du chef de l'extrême Gauche le général Boulanger que M. Granet ou M. Aube.

Mais la responsabilité morale, politique, historique de cette nomination appartient tout entière à M. Clémenceau.

M. Clémenceau a voulu avoir *son* ministre de la guerre ; il a cru que M. le général Boulanger serait un simple instrument dont il jouerait à sa guise contre les opportunistes : il l'a *donné*, connaissant l'homme de longue date, à M. de Freycinet qui ne l'avait pas vu trois fois.

Et tant que M. le général Boulanger, attendant la poussée de ses ailes, a consenti à jouer auprès de M. Clémenceau le rôle d'officier d'ordonnance, — comme Bonaparte jadis auprès de Barras, — tant que M. Boulanger n'a point opéré ostensiblement pour lui-même, M. Clémenceau a été partout, à la Chambre, à la commission du budget, dans tous les couloirs, le panégyriste enthousiaste de M. Boulanger.

M. le général Boulanger nous a appris lui-même qu'il fallut, pour que M. Clémenceau se détachât de lui, que les cris de : « Vive Boulanger ! » couvrissent, devant les bureaux de rédaction de la *Justice*, les cris de : « Vive Clémenceau ! »

Et cela même n'a pas suffi. Au mois de mai de l'année dernière, après la chute du ministère Goblet, lorsque les rédacteurs du *Radical*, Lacroix et Maret, se joignirent à Spuller et à moi-même pour défendre contre le spectre réveillé de Brumaire la suprématie menacée du pouvoir civil, que faisait M. Clémenceau? Son journal se taisait et il s'affichait en voiture découverte avec M. Boulanger.

Que M. Clémenceau, en costume de pénitent blanc, — et M. de Freycinet avec lui, nous n'y faisons point objection, — demandent publiquement pardon à Dieu et aux hommes d'avoir fourni à M. Boulanger le piédestal du ministère de la guerre, nous serons les premiers à dire que ce *mea culpa* n'est pas sans faire honneur à la clairvoyance rétrospective de ces deux hommes d'État.

Mais que M. Clémenceau dise, d'un ton dégagé, qu'il n'a jamais été des partisans de M. Boulanger, non, nous ne laisserons point passer cette affirmation sans en dénoncer l'inexactitude manifeste, sans nous inscrire en faux avec M. le général Boulanger lui-même comme témoin.

L'ÉTAT D'ESPRIT BOULANGISTE

11 mars.

Le mal intérieur qui nous travaille depuis deux ans a si bien empiré depuis deux semaines que le grand événement qui vient de s'accomplir à Berlin (1), loin de détourner les yeux du péril césarien qui menace la République, les y a ramenés avec une force nouvelle.

M. Ranc, dans le *Matin ;* M. Maret, dans le *Radical,* y reviennent avec une abondance d'arguments et d'objurgations qui saisissent. M. Ranc, M. Maret, ont raison : de la lumière, encore et toujours plus de lumière à l'entrée de l'impasse où l'on essaye d'entraîner la patrie !

Disons donc la vérité, toute la vérité : il y a quelque chose de bien plus dangereux que M. le général Boulanger lui-même, c'est l'état d'esprit boulangiste.

Qu'est-ce que le général Boulanger ? Sa valeur intrinsèque est vite établie... Officier intelligent,

(1) La mort de l'empereur Guillaume.

mais mal élevé, dit le duc d'Aumale. Cavalier bien
assis, mais qui a appris l'équitation chez Franconi,
disent les maîtres de manège. Républicain de fraîche date, mais aimant trop le bruit, dit M. Clémenceau... En somme, peu de chose, — ce que M. Louis
Bonaparte était en 48.

M. Bonaparte n'avait dans son passé ni le pont
d'Arcole, ni les Pyramides, ni Austerlitz ; — M. Boulanger n'a dans le sien ni la charge de Reichshoffen,
ni Bapaume, ni Sontay. Le bagage de M. Bonaparte
était léger : le coup de revolver de Strasbourg et
l'aigle apprivoisé de Boulogne ; — celui de M. Boulanger n'est pas plus considérable : la revue du 14 juillet 1886 et la locomotive de la gare de Lyon... Mais
M. Bonaparte avait dans son jeu, outre la légende
napoléonienne, — et j'accorde que Paulus ne vaut
encore ni Béranger ni Hugo, — l'état d'esprit césarien : le même atout est venu à M. Boulanger.

Qu'est-ce que l'état d'esprit boulangiste ? Est-il
propre aux conservateurs ou aux radicaux, aux victoriens ou aux intransigeants ? — En aucune façon.
— Peut-on être à la fois conservateur et boulangiste ? — Oui ! — Victorien et boulangiste ? — Oui !
Et voilà précisément le danger, le spectre de leur
jeunesse que reconnaissent les vieux républicains.

L'état d'esprit boulangiste est celui des mécon_
tents de tous les partis, de tous les fatigués, de tous
les découragés, de toutes les ambitions déçues, des
imbéciles qui rendent la République responsable

des mauvaises récoltes, des niais qui ont gardé l'amour du panache, des malades qui, sans raison, se trouvant mal sur le côté gauche, se tournent sur le côté droit.

L'état d'esprit boulangiste est celui des masses flottantes qui se soucient peu que le gouvernement repose ou non sur un pur principe, mais demandent au gouvernement de gouverner, et qui, lorsque le pouvoir civil manque à cette mission, acclament la première botte éperonnée qui passe.

L'état d'esprit boulangiste est celui des simplistes qui font porter au régime parlementaire le poids des fautes commises par les membres du Parlement.

L'état d'esprit boulangiste est celui des électeurs désappointés qui, se lassant de ne plus voir sortir aucune réforme pratique et sérieuse du palais législatif, de n'y entendre que de vaines querelles byzantines, rêvent qu'un caporal réalisera en cinq minutes les promesses que huit cents députés et sénateurs n'ont pas su faire aboutir depuis tant d'années.

L'état d'esprit boulangiste, c'est le sentiment d'inquiétude et de malaise qui fait préférer à ceux qui souffrent n'importe quoi, surtout un *n'importe quoi* qui paraît énergique, à ce qui existe.

L'état d'esprit boulangiste, c'est la mauvaise humeur des anciens partis, impuissants à restaurer le prince de leur choix, mais prêts à acclamer toute solution qui ne sera pas la République : « Le général Cavaignac, écrivait Bugeaud, c'est la République ; Louis Bonaparte, c'est l'Inconnu ; je vote pour l'Inconnu. »

Sans l'état d'esprit boulangiste, qu'est le général Boulanger ? — Rien. — Que peut-il être, si le mal persiste, s'étend, grandit ?...

N'exagérons pas, mais ayons le courage de voir les choses telles qu'elles sont et telles qu'elles menacent.

Proudhon s'écriait, le 4 juin 1848, au lendemain de la première élection de M. Louis Bonaparte comme député de la Seine : « Le peuple a voulu se « passer cette fantaisie qui n'est pas la première de « ce genre, et Dieu veuille que ce soit la dernière ! « Il y a huit jours, le citoyen Bonaparte n'était « qu'un point noir dans un ciel en feu ; avant-hier, « ce n'était qu'un ballon gonflé de fumée ; aujour- « d'hui, c'est un nuage qui porte dans ses flancs la « foudre et la tempête. »

Nous n'en sommes qu'au ballon ; nous avons donc le temps d'agir, d'agir avec énergie. Mais il n'y a pas beaucoup de temps à perdre : demain il sera trop tard pour arrêter les progrès du phylloxera césarien qui s'est introduit dans nos vignes.

Hier, il eût suffi de faire sentir une main un peu ferme à M. le général Boulanger. — Hélas ! dès qu'on faisait mine de toucher à l'idole, on était traité par l'intransigeance soulevée et par M. Déroulède de mauvais citoyen ! J'en sais quelque chose... — Aujourd'hui, tenir en bride M. Boulanger, lui appliquer la discipline telle qu'il savait l'appliquer lui-même, telle qu'il l'infligea au général Schmitz, le frapper à la première incartade, ce n'est plus assez : l'esprit boulangiste, qu'il eût été si facile d'étouffer dans l'œuf, est éclos aujourd'hui, et c'est lui qui est l'ennemi ; c'est contre lui qu'il faut faire l'union de tous les républicains qu'un vent de folie n'emporte pas, de tous les patriotes éclairés, de tous ceux qui n'ont pas oublié la leçon de 1814, qui se souviennent de la leçon de 1870 : « Qu'il ne faut jamais livrer la patrie à un homme, n'importe l'homme, n'importent les circonstances. »

L'histoire enseigne qu'un peuple, même le plus généreux et le plus robuste, s'habitue lentement et difficilement à l'usage de la liberté, mais qu'il revient, avec une rapidité vertigineuse, quand l'occasion s'en présente, aux mœurs du césarisme. Pourquoi ? Parce qu'on descend la pente plus vite qu'on ne gravit la montagne.

Arrêtons-nous, ne recommençons pas la descente.

DISCIPLINE MILITAIRE

16 mars.

Le *Journal officiel* a publié hier matin, en tête
de ses colonnes, le rapport qui suit :

Paris, le 14 mars 1888.

Monsieur le Président,

J'ai l'honneur de porter à votre connaissance que, dans le
courant de février dernier, M. le général Boulanger, commandant
le 13e corps d'armée, étant venu à Paris sans autorisation, je
l'invitai, aussitôt que ce fait parvint à ma connaissance, par lettre
du 19 du même mois, à rejoindre immédiatement son poste à
Clermont-Ferrand.

Le lendemain 20, je confirmai à cet officier général, par lettre
adressée à Clermont-Ferrand, l'ordre que je lui avais donné la
veille, et je lui rappelai que « les commandants de corps d'armée
ne peuvent quitter le territoire de leur commandement sans une
autorisation ministérielle . ».

Le 23 février, M. le général Boulanger m'écrivit pour me demander l'autorisation de se rendre à Paris pendant quatre jours.

Je lui répondis le 27 que sa présence à Paris à ce moment pouvant donner lieu à des commentaires fâcheux, je ne pouvais lui accorder la permission qu'il demandait.

Je rappellerai qu'à cette époque, la candidature de M. le général Boulanger ayant été présentée dans plusieurs départements, je l'avais invité, par lettre du 22, à me faire connaître si c'était avec son assentiment que son nom était mis en avant pour un siège à la Chambre des députés ; le 23, M. le général Boulanger m'avait répondu qu'il était complètement étranger à ce qui se passait relativement à l'élection législative du dimanche suivant.

En réponse à une nouvelle demande que m'adressait M. le général Boulanger, le 28 février, par télégramme, pour obtenir l'autorisation de venir à Paris, je lui confirmai les termes de ma lettre du 27, en ajoutant que les raisons qui m'avaient obligé à lui refuser la permission demandée n'avaient rien perdu de leur valeur.

Malgré ces ordres formels, M. le général Boulanger est venu trois fois à Paris : le 24 février, le 2 et le 10 mars ; ces deux dernières fois sous un déguisement (portant des lunettes foncées et affectant de boiter).

Le 12 au matin, je recevais de M. le général Boulanger une lettre, qu'il datait du 9, de Clermont-Ferrand, mais qui ne partait de cette localité que le 11, et par laquelle il me demandait une permission pour se rendre à Paris.

De l'ensemble de ces faits il résulte que M. le général Boulanger est venu trois fois à Paris sans autorisation et après avoir reçu l'ordre formel de ne pas quitter son poste.

Ces manquements à la discipline sont d'autant plus graves qu'ils émanent d'un officier général, dont la mission est de faire respecter les règlements dans l'étendue du haut commandement qui lui est confié.

Le général Boulanger ayant déjà été l'objet, au mois d'octobre dernier, pour faute contre la discipline, d'une mesure rigoureuse qui semble être restée sans effet, j'ai l'honneur de vous proposer de placer cet officier général dans la position de non-activité par retrait d'emploi.

Si vous approuvez ces conclusions, j'ai l'honneur de vous prier de vouloir bien revêtir le présent rapport de votre haute approbation.

Veuillez agréer, monsieur le Président, l'assurance de mon respectueux dévouement.

Le Ministre de la Guerre,

Général LOGEROT.

Approuvé :

Le Président de la République,

CARNOT.

Nous sommes de ceux qui, les premiers, à l'heure même où sa popularité resplendissait du plus vif éclat, ont dénoncé aux patriotes les tristes exemples de courtisanerie démagogique et de puffisme américain que M. le général Boulanger donnait à l'armée ; qui ont dénoncé aux républicains les intrigues louches, les manœuvres suspectes, la conjuration savante dont l'ancien complaisant du duc d'Aumale, devenu le favori de l'intransigeance, menaçait la République.

Eh bien ! ceux-là mêmes qui, les premiers, avaient ouvert les yeux ; qui, du premier jour, avaient tenu en suspicion ce soldat qui avait tant de fois affirmé en vain et qui prenait la réclame pour la gloire, ceux-là n'en ont pu croire leurs yeux en lisant hier, en tête du *Journal officiel*, le simple et terrible rapport que M. le Président de la République a revêtu de son approbation !

Dans la première quinzaine de février, au moment précis où M. Thiébaud invente son entreprise plébiscitaire, le général Boulanger quitte son commandement sans autorisation et vient à Paris.

Le ministre de la guerre use d'indulgence : il enjoint simplement au général commandant le 13e corps de retourner à son poste, lui rappelle ses devoirs, lui interdit de revenir à Paris.

Le général rentre à Clermont le 20; le 22, le ministre l'interroge sur les candidatures multiples qui sont posées en son nom; le 23, M. Boulanger répond qu'il est complètement étranger à ces manœuvres, et tout de suite, non seulement sans autorisation, mais enfreignant un ordre formel, lui qui a mission de faire respecter d'abord la discipline, il quitte son commandement et vient à Paris sous un déguisement. Ce général qui porte l'uniforme de commandant de corps d'armée, qui porte la plume blanche à son chapeau, il se travestit, affecte de boiter, se cache sous des lunettes fumées...

Je sais que c'est de règle chez les conspirateurs de toute espèce; mais quoi ! Emile Ollivier, qui ôtait ses lunettes et s'enveloppait d'un cache-nez pour aller mystérieusement, méconnaissable, à Compiègne, c'était un civil, ce n'était point un général de l'armée française !

Et voici ce qu'il ajoute à cette récidive contre la discipline : il est venu le 24 à Paris ; le lendemain, le 25, il écrit au ministre pour lui demander l'autorisation de se rendre à Paris pour quatre jours !

Le ministre de la guerre refuse l'autorisation par

une lettre du 27; le général Boulanger insiste; le 28, le ministre réitère son refus par télégramme, et, le surlendemain 2 mars, deuxième récidive : le général reprend ses lunettes et sa claudication et revient à Paris.

Enfin, le 10 mars, nouvelle ruse, nouvelle récidive, nouveau manquement à la discipline : M. Boulanger date du 9 mars une lettre redemandant l'autorisation de venir à Paris; il vient à Paris le 10, il fait mettre la lettre à la poste de Clermont le 11, le ministre la reçoit le 12... Ce n'est point un collégien amoureux d'une fille de concierge qui joue un bon tour à son tuteur; non, c'est un général commandant un corps d'armée qui se joue ainsi du chef suprême de l'armée française !

Et pourquoi venait-il ainsi à Paris? pourquoi s'obstinait-il, avec une telle audace, à violer la discipline qui lui avait été rappelée? Pourquoi?... Demandez-le à la tribune! Osez donc le demander!

Ces défis, cette désobéissance systématique, appelaient une répression sévère; M. le général Logerot n'a point hésité à faire son devoir, tout son devoir; le chef de l'Etat, le petit-fils du grand citoyen qui fut l'un des fondateurs de l'armée française, n'a point hésité à l'approuver...

Au régiment, à l'appel de tous les jours, quand le sous-officier de semaine donne lecture de l'ordre du colonel : « Rompez le cercle! marche! » tous portent la main à la visière des képis.

9.

Respectueuse de la discipline, l'armée tout entière saluera de même le rapport signé : Logerot, approuvé : Carnot.

Et maintenant, Peuple, qui donc t'aimait et te respectait assez pour t'avoir toujours dit la vérité?

EXPLICATIONS INEXACTES

18 mars.

M. le général Boulanger a communiqué à un rédacteur du *Figaro* la lettre suivante, adressée par lui, le 9 mars, au ministre de la guerre :

9 mars.

Monsieur le Ministre,

Le 25 février, il y a aujourd'hui quinze jours, j'ai eu l'honneur de vous demander l'autorisation de me rendre à Paris pour quelques jours, afin d'y aller chercher ma femme malade et mes enfants.

Le 27, vous m'avez répondu que, ma présence pouvant donner lieu à des interprétations fâcheuses, vous ne croyiez pas devoir me donner cette autorisation.

Ce même jour, je vous ai adressé un télégramme auquel vous avez répondu, le jour même, que vous ne pouviez que maintenir votre décision.

Si j'avais insisté, c'est que j'ignorais le bruit fait autour de mon nom et, ce que m'ont appris les journaux, l'enquête ordonnée par le gouvernement sur les élections du 26 février.

Ces faits étant venus à ma connaissance précisément au moment où je recevais votre seconde lettre, je me suis incliné.

Aujourd'hui, monsieur le Ministre, je pense que beaucoup de calme s'est fait autour de cette question, *et je suis sûr que l'enquête n'a pu prouver, puisqu'elle n'existait pas, mon ingérence dans les élections.* M'appuyant en outre sur la lettre que je vous ai adressée le 3 de ce mois et que je vous remercie d'avoir fait publier, j'ai donc l'honneur de vous prier de m'accorder une permission de huit jours dont je commencerai à jouir, si vous le voulez bien, vers le milieu de la semaine prochaine.

Général BOULANGER.

« C'est après la réponse négative faite à cette lettre, dit le général dans l'interview du *Figaro,* que je suis allé à Paris. Aujourd'hui, j'ai le même motif pour venir : *ma femme est toujours aussi souffrante.* »

Il est fâcheux de devoir constater, une fois de plus, que la mémoire du général Boulanger continue à le mal servir et que l'exactitude reste le fonds qui manque le plus aux récits de cet officier.

Quand M. Boulanger écrivait, le 9 mars, au ministre de la guerre pour lui réitérer sa demande de permission qui lui avait été refusée le 27 février, M. Boulanger était déjà venu à Paris, enfreignant la défense formelle du ministre de la guerre, le 24 février et le 2 mars, et il s'apprêtait à y revenir le lendemain 10 mars, dans les mêmes conditions d'indiscipline. (*Voir le rapport du général Logerot.*)

M. Boulanger écrivait au ministre comme s'il avait jusque-là respectueusement obéi à ses ordres, alors au contraire qu'il y avait déjà désobéi par deux fois, et dans les conditions les plus regrettables pour la dignité d'un officier général.

Mais il y a bien plus.

Quand M. Boulanger dit à M. Cahu : « *C'est après la réponse négative faite à cette lettre* (du 9 mars) que je suis allé à Paris, » l'auteur des lettres au duc d'Aumale... comment dire ?... imagine que le rapport de M. le ministre de la guerre à M. Carnot est sorti aussi rapidement de nos mémoires que le « Béni soit le jour ! » de ses propres souvenirs.

M. Boulanger se trompe.

Cette lettre du 9 mars qu'il a communiquée au *Figaro*, c'est la lettre même dont il est question dans le rapport du général Logerot. « Le 12 au matin, » dit le ministre de la guerre, « je recevais de M. le général Boulanger une lettre qu'il datait du 9 de Clermont, mais qui ne partait de cette localité que le 11, et par laquelle il me demandait une permission pour se rendre à Paris. »

Or, dans l'intervalle, M. Boulanger était venu à Paris le 10 mars — entre le jour où il a écrit sa lettre et celui où il l'a fait mettre à la poste — pour conférer avec M. Thiébaud.

Ce n'est donc pas, comme M. le général Boulanger l'affirmait à M. Cahu, *après la réponse négative faite à la lettre du 9 mars*, mais *avant* même que cette lettre ait été mise à la poste de Clermont, que M. Boulanger, désobéissant une troisième fois aux

ordres formels de son chef, venait à Paris pour
s'aboucher avec l'organisateur en chef de sa campagne plébiscitaire.

De l'interview du *Figaro*, il résulte, en conséquence, que la mémoire de M. Boulanger s'obstine
à le desservir avec la plus cruelle perfidie ; — qu'il
prend avec une égale facilité le mot *après* pour le
mot *avant,* et le quai Voltaire, où il se rencontre
avec M. Thiébaud, pour l'hôtel du Louvre, où
demeure sa famille ; — qu'après ce nouvel incident,
où apparaît la singulière facilité que possède M. Boulanger d'oublier les faits et de brouiller les dates, il
est difficile d'accepter sans contrôle cette autre
déclaration à M. Cahu : « Vous pouvez, de même
que pour les élections, affirmer que je ne suis
absolument pour rien dans la *Cocarde* ; » — enfin,
que l'homme de France le plus mal renseigné sur les
faits et gestes de l'ex-commandant du 13ᵉ corps,
c'est M. le général Ernest Boulanger.

Le 10 avril, le journal *le Matin* publiait la note et les
dépêches suivantes :

On se rappelle que les amis du général Boulanger ont toujours déclaré, depuis que leur patron a été relevé de son commandement , que le gouvernement n'avait pu trouver à sa
charge que des fautes vénielles, et qu'il serait impossible d'établir une participation quelconque du général Boulanger à la
campagne électorale menée en sa faveur, alors qu'il était en
activité et inéligible.

On sait que, lorsque l'on a parlé de dépêches compromettantes échangées entre le général et ses amis de Paris, ces derniers ont protesté et nié, et que M. Laguerre s'est fait l'écho de ces protestations à la tribune de la Chambre, au cours de la discussion de l'interpellation Cassagnac, dans la séance du 20 mars.

On se souvient aussi que les journaux boulangistes ont nié que des documents très importants eussent été communiqués au conseil d'enquête sur l'avis duquel a été prononcée la mise à la retraite d'office du général Boulanger.

Or ces documents existent si bien que nous allons en reproduire quelques-uns, pris au hasard au milieu d'un grand nombre d'autres, et non pas choisis parmi les plus compromettants. Ce sont des télégrammes adressés de Paris par le comte Dillon au général Boulanger, et de Clermont-Ferrand par le général au comte Dillon. Les dépêches du général sont signées Georges, son nom de baptême.

Nous n'avons pas besoin d'ajouter que nous garantissons l'authenticité absolue de ces documents, que nous n'accompagnerons d'aucun commentaire et qui sont de nature à édifier tous les gens de bonne foi.

Dépêche du 22 février.

Clermont-Paris — 70218 — 22/2/88. 5 h. 30 s.

Général Boulanger, Clermont-Ferrand.

J'ai reçu lettre ; je t'attends. Bombe éclatant bouleverse les amis de Paris surpris. Le journal *le R...* crie trahison ! Ne votez pas, c'est manœuvre d'opportunistes. Les autres amis plus circonspects, quoique effrayés, se sont abstenus et venus prendre des renseignements, disant qu'ils démentiraient ou donnez des instructions.

J'ai répondu : « Du calme, vous aurez instructions demain soir ; n'en ai pas aujourd'hui, mais je prends responsabilité de vous dire : Il demeure étranger mais non indifférent à ce qui se passe. Ses ennemis faisant manœuvres pour l'écraser, nous devons retourner leur ouvrage contre eux en déterminant ovation toute morale dans les sept départements qui ont droit d'exprimer leurs sentiments. Tel est le mot d'ordre, en attendant. » Amitiés.   DILLON.

Même jour.

Clermont-Paris — 73218 — 22/2/98, 8 s.

Général   Boulanger ,   Clermont - Ferrand.

L'Enfant de chœur t'a écrit que, vu impression produite ici par candidature sous le patronage des réactionnaires, il est indispensable demander ministre permission désavouer par lettre ceux qui ont usé de ton nom. La campagne pourra être continuée quand même. Les amis pourront dire : « Vous voyez ce qui lui est arrivé malgré son désaveu. » Tandis que sans désavouer ferrystes pourront dire : « Le résultat prouve que le suffrage universel l'ignore. » Je te résume sa lettre pour te prévenir du mouvement de l'opinion ici.

                                        DILLON.

Dépêche du 26 février.

Clermont-Ferrand-Paris — 55162 — 26/2/88, 4 h. 15 s.

Général Boulanger, Clermont-Ferrand .

Reçu lettre, m'y conforme et j'ai déjà procédé dans direction prescrite. Je verrai demain les *Bra...* des journaux avancés pour effacer moi-même reste de mécontentement et assurer accord pour meilleur parti à tirer des faits accomplis. Je compte même voir *R...*, sauf avis contraire. Je n'ai pas écrit par manque de temps, non parce que je n'ai pas matière à dire. Il nous faut dîner samedi chez *Degens*. Télégraphie-moi oui, ou donne-moi un autre jour, je te prendrai vendredi. A toi.

                                        DILLON.

Réponse du général.

Neuilly-Clermont-Ferrand — 117 — 26/2/88, 7 h. 35 s.
Comte Dillon, 6, boulevard d'Argenson, Neuilly-sur-Seine.

Reçu ta dépêche. Impossible pour dîner samedi ; prendras dimanche si tu veux, dis-le-moi. Je viens de t'écrire. Certainement, vois R... J'approuve tout. Amitiés.

GEORGES.

Dépêche du 27 février.

Clermont-Ferrand-Paris — 37722 — 27/2/88, 7 h. s.
Général Boulanger, Clermont-Ferrand.

J'ai reçu dépêche. Sois tranquille. Je ferai nécessaire et c'est très facile du reste. Lettre suit. Amitiés.

DILLON.

Dépêche du 27 février.

Paris-Clermont-Ferrand — 86 - 27/2/88, 3 h. 16 s.
Comte Dillon, 53 bis, rue de Châteaudun, Paris.

Ai appris les résultats ; très bons. Il faut maintenant travailler fortement la presse et opinion. Amitiés.

GEORGES.

Dépêche du 28 février.

Clermont-Paris — 28/2/88, 7 h. 25 s.
Général Boulanger, Clermont-Ferrand.

On dit qu'au conseil des ministres de ce matin il a été décidé une enquête pour démontrer ta participation aux élections. Je t'en avise. Télégraphie-moi demain réception de ma lettre de ce

soir. Son contenu no pourrait d'ailleurs que présenter les choses
à notre gré, mais tenons-nous sur nos gardes. Amitiés.

Dillon.

Pour bien comprendre la signification exacte de ces dernières
dépêches, il importe de se rappeler que la première manifestation plébiscitaire sur le nom du général Boulanger a eu lieu le
26 février, à l'instigation de M. Thiébaud; que le conseil des
ministres, réuni le mardi 28 février, s'est occupé de la situation
faite au commandant du 13e corps d'armée par la campagne
menée en sa faveur, et que c'est seulement le 13 mars, après le
second tour de scrutin, que le général Boulanger a été relevé de
son commandement.

QU'IL SOIT ÉLIGIBLE !

18 mars.

On nous eût demandé à nous-mêmes de composer le comité central boulangiste : dans nos rêves les plus bleus, nous n'aurions pas osé proposer la liste qui a été dressée avant-hier soir par MM. les directeurs de l'*Intransigeant*, de la *Lanterne* et de la *France*, et qui a reçu la haute approbation de leur général.

Pour ajouter au lustre incomparable de M. Brugeilles, M. Chevillon lui-même ! Pour rehausser l'éclat fulgurant de M. Francis Laur, M. Maurice Vergoin en personne, encore sous le coup des peines disciplinaires prononcées contre cette pure lumière du barreau de Pontoise par le conseil de l'ordre de Paris ! Pour doubler M. Laisant, M. Borie ! Et M. Michelin pour porter, pendant les entr'actes, la lyre... non point de Paulus, mais de Paul Déroulède, hélas !

M. de Labruyère manque au comité et l'on se

demande pour quelles causes : les bons confrères
seraient-ils jaloux du tirage de la *Cocarde* ? la discorde serait-elle déjà au camp ?

Le voilà donc, tout prêt d'avance, le premier
ministère du consul Boulanger lorsque M. Carnot,
comme il a été écrit au livre du prophète Thiébaud,
aura vidé l'Élysée devant le beau général ?

M. Laguerre ministre de l'intérieur, des cultes et
des beaux-arts avec la présidence du conseil : que
M. de Morny paraîtra vulgaire auprès de lui !...
M. Maurice Vergoin ministre de la justice, garde
des sceaux : enfoncé Dufaure ! enfoncé d'Agues-
seau ! aplati Mathieu Molé !... M. le docteur de
Susini ministre des affaires étrangères : à nous
deux, prince de Bismarck !... M. le vétérinaire
Duguyot grand maître de l'Université : ô Ville-
main !

Les Sept contre Thèbes étaient formidables ;
Eschyle, à peine, était assez géant pour les chanter.
Ceux-ci sont plus grands encore : si Salis n'existait
pas, si le *Chat noir* ne planait pas sur Montmartre,

> Sombre félin, qui met, lui aussi, des lunettes !

nul au monde ne serait digne de les célébrer !

> Sonnez ! sonnez toujours ! clairons de la réclame !

Et quel manifeste ! quel style ! quelle hauteur de
pensées !

> Tacite n'est qu'un drôle auprès d'un tel morceau...

« Le comité patronnera dans les élections par-
elles la candidature du général Boulanger, non
pour le faire entrer à la Chambre, mais à titre de
protestation contre *un gouvernement qui n'est pas
inspiré par le sentiment de la patrie !...* » Voilà qui
s'appelle parler ! Carnot, Flourens, Tirard, le
général Logerot, l'amiral Krantz, tous traîtres à la
patrie ! Arrêt terrible, arrêt irrévocable, puisqu'il
est signé : Borie, Le Hérissé, Henri Rochefort,
Mayer et Lalou !

Et pourtant il manque quelque chose à ce mani-
este ! « Les hommes résolus à ne pas abandonner
la cause de la patrie ont le droit et le devoir d'affirmer sur le nom de M. Boulanger le sentiment
national. » Oui, sans doute, et personne ne le con-
teste. Mais ce sentiment national, — j'ose le demander à M. Brugeilles lui-même, qui est un logi-
cien distingué, — ne l'affirmerait-on pas bien plus
haut si M. le général Boulanger était éligible, si
l'ancien lieutenant de Mgr le duc d'Aumale, devenu
le chef de file de M. de Rochefort, pouvait aller
s'asseoir sous le plafond vitré du Palais-Bourbon,
là-haut, sur les bancs les plus élevés de la Montagne,
entre M. Georges Laguerre et M. Laisant ?

Et, pour que M. Boulanger soit éligible, que
faut-il ? Si peu que rien. M. le général Boulanger,
en présidant à la confection du manifeste odieux
qui dénonce le chef de l'État et le chef de l'armée
comme n'ayant pas « le sentiment de la patrie »,

n'a pas seulement porté un insolent défi à la vérité, à la justice, au patriotisme ; mais il a méconnu encore les règles de la discipline, — discipline certainement surannée, mais non encore abrogée, — qui veut qu'un soldat, alors même qu'il est sous le coup d'une peine sévère, reste soumis aux obligations strictes, formelles, catégoriques, de tous les soldats. Que M. le général Boulanger se juge lui-même !

Après avoir eu l'honneur immérité de commander en chef à cette armée dont les chefs se sont appelés, en d'autres temps, Carnot, Soult, Moncey, Cavaignac, Niel, Leflô, Gresley, Farre, Campenon, il serait bon que M. Boulanger reçût enfin la véritable récompense dont il est digne et qu'il occupât un siège de législateur tout près de M. Duguyot et de M. Vergoin.

Les bancs de la Gauche révolutionnaire ont besoin d'être ornés parfois d'un caporal rebelle...

Sacer esto ! Qu'il soit éligible !

A L'EXTRÊME GAUCHE

20 mars.

Titania vient d'ouvrir les yeux ; sur la couche de roses et de violettes où elle l'avait entraîné, elle croyait

tenir entre ses bras le prince Charmant : elle a reconnu Bottom et elle l'a chassé aussitôt de son
cœur.

Nous ne pensons pas être désagréable à l'extrême gauche en la comparant à la fée aimable et
légère de Shakespeare; nous tenons, au contraire,
à la louer très haut d'avoir, dans la journée d'hier,
désavoué hautement des solidarités compromettantes et, dans un manifeste énergique, condamné
l'indiscipline factieuse d'un soldat et les menées sé-
ditieuses de ses complices.

Ces complices, les membres du comité central
plébiscitaire, peuvent continuer à se revendiquer
de la République, comme les monnaies napoléo-
niennes portaient en exergue les mots : RÉPUBLIQUE
FRANÇAISE. La République, elle, ne les connaît plus;
elle laisse à Césarion ce qui est à Césarion.

L'extrême gauche a ouvert tardivement les yeux
à la vérité; — dans les Parlements, ce n'est point
la Montagne qui reçoit, la première, les feux du
jour; — elle avait adopté, créé le général Boulanger pour nous combattre; elle a reconnu qu'à sou-
lever ainsi contre la clairvoyance de nos amis de détestables passions, c'était contre la République elle-
même qu'elle avait inconsciemment travaillé; dès
que la lumière s'est faite dans son esprit, elle a eu
le courage de joindre sa protestation la plus vigoureuse à la nôtre ; nous l'en félicitons avec joie.

Le parti républicain se retrouve donc uni comme

un seul homme contre l'aventurier sans scrupule qui, portant la triple étoile et la plume blanche des généraux de l'armée nationale, aime mieux devenir, entre M. Eudes et M. Cluseret, le général de la Commune.

Qu'il soit fait selon son goût!

CESAR ET MARAT

. 24 mars.

MM. Peytral, président de la commission du budget ; Pelletan, rédacteur en chef de la *Justice*, et Chevillon, membre fondateur du comité plébiscitaire, viennent d'engager par dépêche un groupe important d'électeurs marseillais « à affirmer leur « foi républicaine en votant dimanche pour M. Félix Pyat ».

Que M. Clovis Hugues, poète de son métier, désire le succès de M. Pyat, cela se comprend. « Les socialistes de Marseille, disait avant-hier ce législateur chevelu, commencent à me traiter de farceur ; qu'ils nomment Pyat, et ils verront bien que je ne suis pas le seul ! » — Que tel membre de l'extrême gauche, devant le piteux spectacle de l'intransigeance désemparée, souhaite cette élection, je le comprends encore : « Marseille va nommer Pyat, disait un député de Paris, il n'y a pas dix jours, à l'un des jeunes amis de M. Clémen-

ceau ; enfin, mon petit, tu vas donc avoir un chef ! »
— Qu'à la fin de la semaine dernière, entre M. Félix Pyat incarnant pendant une heure, par un miracle qui rappelle celui de la Conception Immaculée, la Loi stupéfaite, et M. le général Boulanger, candidat de l'indiscipline dans l'armée nationale et de l'insurrection contre la loi républicaine, nombre d'électeurs marseillais eussent préféré le candidat de la légalité, je le comprenais encore... Mais quoi ! pour combattre le candidat de la restauration orléaniste, M. Edouard Hervé, qui vient de déployer avec tant d'audace le drapeau de Philippe VII, les républicains des Bouches-du-Rhône n'ont-ils donc le choix à cette heure qu'entre M. Boulanger, soldat factieux, et M. Pyat, encore tout dégouttant du sang des otages et de Gustave Chaudey ?

Il n'y a pas dans la sombre histoire de l'insurrection du 18 mars, beaucoup de figures plus noires que celle de M. Pyat ; lâche et féroce, Néron de la démagogie qui voulut avoir dans l'incendie de Paris son incendie du Palatin, il provoqua, poussa, excita à tous les crimes et ne sut même pas mourir. Eh bien ! M. le président de la commission du budget et MM. les lieutenants ordinaires de M. Clémenceau préfèrent M. Félix Pyat, incendiaire et assassin, à M. Henry Fouquier, opportuniste !

M. Fouquier est candidat dans les Bouches-du-Rhône, on sait pourquoi. Par amour-propre de Marseillais et par un juste orgueil de républicain, notre ami n'a point voulu laisser infliger cette honte à son parti que, pour représenter la Loi contre M. Boulanger et la République contre M. Hervé, Marseille n'eût qu'un candidat d'importation, et quel candidat !... Bravement, il s'est jeté dans la bataille. MM. Peytral, Pelletan, Chevillon, M. Granet et M. Clovis Hugues lui-même ne sont députés des Bouches-du-Rhône que par le désistement de la liste républicaine, où M. Fouquier figurait, en octobre 1885, avec M. Rouvier. Cependant M. Fouquier n'était point assez naïf, il était trop Parisien et trop Marseillais, pour compter sur la reconnaissance de ces gens-là. Il se disait seulement que M. Peytral aurait, au dernier moment, quelque honte de tendre la main à l'assassin honoraire des otages, que M. Camille Pelletan aurait quelque scrupule de recommander à ceux qui furent les électeurs de son père le vieux scélérat qui présida à l'embrasement de Paris... Eh bien ! ni M. Camille Pelletan ni M. Peytral n'ont eu cette pudeur. M. Fouquier est un républicain de la veille et même de l'avant-veille, mais il n'est point de ceux qui montent les ossements des fédérés en épingle de cravate, mais il n'a point fait partie de la meute qui prit Gambetta à la gorge et l'étrangla, mais il a refusé de réclamer le déshonneur du drapeau français à Tunis et dans l'Indo-Chine. Haro sur Fouquier ! brame M. Peytral. En avant pour Pyat ! crie le journal de M. Clémenceau.

Et remarquez que cette lamentable capitulation devant l'un des plus sinistres revenants de la Commune ne saurait même profiter à M. Pyat : c'est à M. Hervé seul qu'elle profitera, à M. Hervé qui le premier dans son parti a dédaigné de mettre le faux nez d'un conservateur eunuque et s'est nettement, hardiment présenté comme le champion de la restauration orléaniste. Il eût suffi aux députés actuels des Bouches-du-Rhône, à ces hommes qui ne sont députés que par la grâce de M. Fouquier et de ses amis, de dire un mot, et le candidat républicain l'emporterait dimanche, haut la main, sur les candidats de la Commune, du césarisme et de la monarchie. Ce mot, à leur honte et à la honte de leur parti, ils n'ont pas osé le dire. Préférer publiquement un républicain modéré à un ancien membre de la Commune, c'est un acte d'héroïsme qui dépasse leurs forces. Si M. Hervé est demain député des Bouches-du-Rhône, c'est donc eux qui l'auront voulu. A Marseille comme ailleurs, la concentration intransigeante, c'est la concentration à droite. Tenez ! nous pouvons définir aujourd'hui l'intransigeance : c'est le parti de la peur. Tant que nous ne l'avons pas eu dépanaché, ils n'ont juré que par M. Boulanger ; ils capitulent aujourd'hui devant M. Pyat ; ils ont touché le tuf ; ils ne descendront pas plus bas parce que cela est impossible.

Gambetta, candidat à Marseille le 28 mai 1869,

disait dans sa circulaire : « Les démagogues, ils
« sont de deux sortes : ils s'appellent César ou
« Marat. Que ce soit aux mains d'un seul ou aux
« mains d'une faction , c'est par la force qu'ils
« veulent satisfaire, les uns et les autres, leurs am-
« bitions ou leurs appétits. Ces deux démagogies,
« je les trouve également haïssables et funestes... »
César et Marat sont tous deux aujourd'hui candidats à Marseille. Marat s'appelle Pyat, et César
s'appelle Boulanger. Eh bien ! les intransigeants de
Marseille votent : les uns, les amis de M. Laguerre,
pour César ; les autres, les amis de M. Clémenceau, pour Marat !

LE DEVOIR

28 mars.

Le conseil d'enquête s'est prononcé à l'unanimité des voix pour la mise à la retraite d'office de M. le général Boulanger : le conseil des ministres, réuni à l'Élysée, a immédiatement appliqué ce verdict.

C'était son devoir, le strict, l'impérieux devoir.

Assembler les vétérans de l'armée nationale pour juger les fautes répétées dont un officier général s'était rendu coupable, puis, par on ne sait quelle timidité basse, comme quelques-uns y avaient exhorté, enregistrer cet avis aux archives sans l'appliquer, ce n'eût pas été seulement la plus honteuse des reculades du pouvoir civil contre le césarisme réveillé, c'eût été le coup le plus funeste à la constitution même de l'armée, la mort même de cette discipline qu'il s'agissait d'affirmer avec éclat.

Le chef de l'État, les ministres républicains dont il s'est entouré, n'auraient pu, sans une véritable

10.*

forfaiture, s'arrêter à une pareille désertion. Depuis trois semaines que se prolonge cette crise, le général Boulanger a eu cent occasions de désavouer avec quelque netteté l'entreprise criminelle qui s'est formée sur son nom ; il ne l'a pas fait. Non seulement il n'a paru éprouver aucune confusion du trouble et des désordres que sa faction apporte dans la République : de jour en jour, au contraire, il a paru s'en réjouir et s'en griser davantage ; il s'est fait le complice de toutes les manœuvres illégales, de toutes les comédies ; il a souri d'un œil de plus en plus complaisant aux insulteurs attitrés de ses chefs et du gouvernement. S'il est frappé à cette heure de la peine la plus dure qui puisse atteindre un soldat, c'est lui, lui seul, qui l'aura voulu.

Celui qui fut le général Boulanger n'est plus aujourd'hui que M. Boulanger : est-ce à dire que le boulangisme soit mort ?

Le gouvernement de la République a fait son devoir : est-ce à dire que, dès demain, le pays républicain tout entier fera le sien ?

N'ayant pas l'habitude de pratiquer ici la politique de la tête sous l'aile, nous avouerons que nous n'entretenons pas cette espérance.

Si les terribles leçons de 1814 et de 1815, la perte des frontières de la République, deux invasions, Leipzig et Waterloo, les armées de l'Europe entrant deux fois à Paris ; si l'expiation de 1870, les

hontes de Sedan et de Metz, l'armée prussienne
défilant aux Champs-Élysées, la blessure encore
saignante au flanc de la patrie, la perte de l'Alsace-
Lorraine ; si de pareils châtiments n'ont point suffi
à détruire le virus césarien dans le corps du peuple
français, nous ne nous flattons pas qu'un décret,
même signé du nom glorieux de Carnot, réussisse
d'un jour à l'autre où tant de désastres ont échoué.
Mais, outre que la discipline ébranlée vient d'être
raffermie avec vigueur dans l'armée, le pays est
solennellement averti. Ce n'est plus, comme en
1851, des voix isolées qui lui crient quel danger le
menace, voix impuissantes que couvraient les dé-
clamations stériles : « La sentinelle invisible nous
protège ! Mandataires du peuple, délibérez en
paix ! » Non, c'est le chef de l'État lui-même,
l'homme que l'acclamation unanime des républicains portait hier seulement à la première magistrature, c'est le gouvernement tout entier, c'est
l'immense majorité du Parlement, qui dénoncent
aujourd'hui le péril grandissant, le piège creusé
sous les pieds de la démocratie, le gouffre où une
bande d'aventuriers cherche pour la troisième fois
à perdre la patrie. Et nous avons alors le ferme
espoir, l'invincible conviction que la démocratie
s'arrêtera à temps, qu'elle ouvrira les yeux à
temps, qu'elle ne commettra pas ce crime contre
l'humanité : le suicide de la France.

Pour nous, qui avons été les premiers à pousser le

cri d'alarme, nous ne nous laisserons décourager ni par les injures des aboyeurs de profession ni par les défaillances d'une fraction du suffrage universel lui-même. Nous n'avons pas appris à lire dans les *Châtiments*, nous n'avons pas applaudi, à peine sortis de l'enfance, au panégyrique vengeur de Baudin, pour incliner aujourd'hui la majesté des principes républicains devant le misérable prestige des popularités passagères et malsaines. La popularité, quand elle est acquise par le mensonge, la forfanterie et la courtisanerie démagogique, n'est rien : le devoir est tout. Le souvenir de nos prédécesseurs nous assure que nous faisons notre devoir : nous continuerons à le faire.

La lutte est engagée : il faut que cette fois elle se termine par la victoire du Droit.

RÉPUBLIQUE OU DICTATURE ?

29 mars.

M. Boulanger adresse aux électeurs de l'Aisne la circulaire suivante :

Electeurs de l'Aisne,

Le scrutin de dimanche dernier avait un autre but que l'élection elle-même.

Il signifiait surtout manifestation et protestation :

Manifestation sur la nécessité de maintenir la dignité nationale et l'intégrité du territoire ;

Protestation contre l'état d'impuissance où sont tombés le
Parlement et les pouvoirs publics ;

Protestation contre les calomnies et les injustices accumulées
sur un soldat républicain qui n'a jamais eu en vue que la défense de la patrie.

Frappé sans motifs, arraché à la grande famille militaire, je
suis actuellement éligible, mais je ne l'étais pas quand vous
avez affirmé sur mon nom vos convictions républicaines et
patriotiques.

La manifestation a été aussi spontanée, la protestation aussi
éclatante que possible.

La leçon est donnée, c'est au gouvernement à en tenir
compte.

Quant à moi, le respect que m'inspire le suffrage universel
m'interdit d'accepter aujourd'hui un siège que je ne pourrais
occuper qu'au détriment de concurrents à côté desquels et non
contre lesquels j'avais été présenté.

Merci mille fois, patriotes de l'Aisne, de vos chaleureuses sym-
pathies. Elles sont venues me réconforter au milieu des dégoûts
dont on m'abreuve. Je n'oublierai de ma vie la journée du
25 mars.

Et maintenant, laissez-moi vous demander de reporter vos
suffrages sur celui des candidats qui saura le mieux combattre
pour l'honneur de la patrie et les intérêts sacrés de la République.

Général BOULANGER.

M. Boulanger, politicien, se montre aussi respectueux du suffrage universel que M. Boulanger,
général, s'est montré respectueux de la discipline :
nous n'en sommes point autrement surpris. Si le
conseil d'enquête qui a frappé l'ex-commandant du
13e corps, si le gouvernement qui a appliqué la
décision du conseil, avaient besoin encore d'une

justification, ils la trouveraient dans les outrages
sans nom que l'ancien courtisan du duc d'Aumale a
l'audace de déverser sur la représentation nationale
et sur le gouvernement même de la République.
Selon M. Boulanger, il n'y a en France que M. Boulanger qui ait le sentiment « de la nécessité de
maintenir la dignité nationale et l'intégrité du territoire » ; ce sentiment, selon M. Boulanger, est
étranger à M. Carnot, à M. le général Logerot, à
M. l'amiral Krantz, à M. Tirard, à M. le général
Février, sans doute aussi à M. Henry Maret, à
M. Vacquerie, à M. John Lemoinne, à tous ceux
qui n'incarnent pas la patrie dans l'ami de M. Vergoin! Tous traîtres! tous vendus ! tous prêts à sacrifier « l'intégrité du territoire » à leurs appétits et
à leur ambition!

Mais il y a autre chose encore : pourquoi M. Boulanger, se décidant enfin à parler à peu près clair,
demande-t-il aux électeurs de l'Aisne de reporter
leurs suffrages sur un autre candidat? M. Boulanger
entendrait-il d'aventure renoncer, aujourd'hui
qu'elles ne lui sont plus interdites, aux entreprises
électorales ?... En aucune façon.

La vérité, la voici : si, dans l'Aisne, M. Boulanger
retire sa candidature en faveur d'un journaliste radical, c'est qu'il entend la poser demain dans le
Nord, après-demain dans la Charente, partout où
une vacance législative se produira.

M. Boulanger ne poursuit pas une simple campagne électorale : c'est une campagne plébiscitaire.

M. Boulanger ne pose point sa candidature à la succession de M. Ringuier, ou de M. Brame, ou de M. Ganivet ; c'est à la succession de M. Carnot, Président de la République : M. Boulanger a le dessein de faire plébisciter son nom dans tous les départements. Un ministère radical ne suffit pas à ses amis, qui ne s'en cachent point : ce qu'il leur faut, c'est la dictature. Si cette entreprise insensée et criminelle pouvait réussir, la dictature, peut-être, conserverait l'étiquette de République. Mais la République serait morte, mais la Liberté aurait vécu, mais la Patrie plongerait une fois de plus dans l'abîme !

Les derniers masques sont tombés ; le problème est nettement posé : République ou Dictature.

La dictature, depuis un siècle, a perdu deux fois la France ; ceux qui éprouvent le besoin de la perdre une troisième fois savent ce qui leur reste à faire : ils n'ont qu'à répondre à l'appel de M. Boulanger.

UNE BONNE JOURNÉE

31 mars, vendredi matin.

Il y a deux parties dans le manifeste que M. Boulanger a adressé hier aux électeurs du Nord.

Dans la première, M. Boulanger vomit l'outrage et la calomnie contre le gouvernement de la République, contre « les hommes qui s'imaginent naïvement supprimer la guerre *en supprimant la défense...* » C'est la rougeur au front que nous transcrivons cette accusation scélérate. Celui qui a signé de son nom cette vilenie, ce n'est pas le premier misérable venu, pauvre diable de journaliste qui ment et bave à tant la ligne, parce qu'il faut pourtant vivre... Non, c'est un homme qui, hier encore, portait l'uniforme de commandant de corps d'armée, la triple étoile et la plume blanche, qui avant-hier — ô monsieur de Freycinet ! ô monsieur Clémenceau ! — était le chef suprême de l'armée. La défense nationale a été, depuis dix-huit années, la pensée dominante du gouvernement de la République. « Vous supprimez la défense ! » dit M. Boulanger au chef de l'Etat, au ministre de la guerre. Les journaux boulangistes s'épuisent depuis huit jours à entasser contre le gouvernement de la République les plus basses injures, les accusations les plus hideuses de trahison : la *Cocarde* appelle M. Carnot « *statthalter* de l'empereur, d'Allemagne en France » ; le *Boulangiste* écrit : « Aux prochaines élections, soixante départements enverront Carnot à Charlottenbourg, où il vient d'être convié par Frédéric III; » la *Lanterne* et la *France* affirment que l'ordre de frapper le général Boulanger est venu de Berlin ; l'*Intransigeant* montre M. Tirard baisant la botte de M. de Bismarck... M. Boulanger va protester contre des polémiques qui déshonoreraient la meilleure des causees ?... Au moins M. Boulanger va se contenter d'en sourire dans sa barbe blonde, en grand seigneur qui fait injurier ses juges par ses laquais ?... Non, M. Boulanger descend lui-même dans la rue, dans le ruisseau ; lui-même, de cette main qui tenait, hier encore, une épée, il ramasse la boue, pétrit cette fange avec amour et lance cette infamie au gouvernement de son pays : « Vous supprimez la défense !... » La République a voulu que la discipline ne fût pas un vain mot dans l'armée ; elle a frappé M. Boulanger, quatre et cinq fois factieux et rebelle : « Vous supprimez la défense !... » La défense nationale, c'est lui ; le patriotisme c'est lui ; la patrie, c'est lui ! Carnot, Février, Saussier, Logerot, Krantz,

Tirard, tous traîtres, tous vendus à la Prusse !

Le gouvernement républicain n'est, aux yeux de M. Boulanger, qu'une association de traîtres ; en revanche, il dénonce dans le Parlement une association d'eunuques : « Tout progrès consenti par la Chambre vient inévitablement échouer à la porte du Sénat... Si l'union s'est faite un moment parmi les parlementaires, c'est contre un général... » Donc, « à l'impuissance dont l'Assemblée législative est atteinte, il n'y a qu'un remède : dissolution de la Chambre, revision de la Constitution. » C'est à cette noble besogne que tendront tous les efforts de l'ancien courtisan du duc d'Aumale : « Le parlementarisme, voilà l'ennemi ! »

Il y a des figures sinistres de récidivistes et de souteneurs qui jaillissent — toujours les mêmes — du pavé de Paris les jours d'émeute : il y a aussi, aux heures tristes des entreprises contre la liberté, des mots, toujours les mêmes, qui relèvent les dalles du dictionnaire... « Le général Ratapoil dit au général Foy : Tais-toi, bavard !... — Qu'est-ce que c'est que ça, la tribune ? s'écrie M. B... ; c'est du « parlementarisme !... » Parlementarisme, messieurs, parlementarisme, mesdames, cela répond à tout... » Puisque cet homme n'écrit plus une ligne qui ne soit copiée dans les proclamations et circulaires de Napoléon III, reprenons *Napoléon le Petit* et les *Châtiments !*

Le parlementarisme, dit M. Boulanger après

M. Bonaparte, c'est l'ennemi! « Donc, répond
Victor Hugo, le parlementarisme, c'est-à-dire la
garantie des citoyens, la liberté de discussion, la
liberté de la prese, la liberté individuelle, le contrôle de l'impôt, la clarté dans les recettes et les
dépenses, la serrure de sûreté du coffre-fort public,
le droit de savoir ce qu'on fait de votre argent, la
solidité du crédit, la liberté de conscience, la liberté
des cultes, le point d'appui de la propriété, le
recours contre les confiscations et les spoliations,
la sécurité de chacun, le contrepoids à l'arbitraire,
la dignité de la nation, l'éclat de la France, les
fortes mœurs des peuples libres, l'initiative publique, le mouvement, la vie, tout cela n'est plus.
Effacé, anéanti, disparu, évanoui!... C'est fait,
c'est parfait, c'est complet. L'herbe pousse au
Palais-Bourbon. Une forêt vierge commence à
croître entre le pont de la Concorde et la place de
Bourgogne. Aujourd'hui c'est terminé. Le grand
œuvre est accompli. Et les résultats de la chose?...
La France veut Louis-Napoléon, porte Louis-Napoléon, engraisse Louis-Napoléon, contemple Louis-
Napoléon, admire Louis-Napoléon et en demeure
stupide. Le but de la civilisation est atteint...
Oui, plus de parlage, de Parlement et de parlementarisme! Répétons-le en chœur : Plus de parlementarisme, plus de tribune! Au lieu de toutes ces
voix, qu'est-ce qu'on entend dans cette nuit noire
qui couvre la France? Le bruit d'un éperon

qui sonne et d'un sabre qui traîne sur le pavé ! »

Et dix-huit années plus tard, après les mêmes manifestes, les mêmes circulaires, les mêmes proclamations aux électeurs de l'Yonne et de la Charente qui sont aujourd'hui les électeurs de l'Aisne et du Nord, après la même campagne d'outrages, d'injures, de diffamations et de menaces, en compagnie des mêmes gens, des mêmes complices, du même personnel avec qui l'on sabre depuis des siècles les institutions et les lois, d'un même Laguerre qui s'appelait Fialin en attendant de s'appeler duc de Persigny, d'un même Vergoin qui s'appelait Baciocchi, d'un même Lalou qui s'appelait Véron, dix-huit années plus tard, Sedan et Metz, l'invasion, la perte de l'Alsace-Lorraine !...

Cependant M. Clémenceau proclame le même programme que M. Boulanger : *Revision de la Constitution, suppression du Sénat.* Cependant M. Clémenceau dénonce les mêmes hommes que M. Boulanger : les ministres républicains qui ont fait leur devoir... Et M. Clémenceau, je l'affirme, n'est point payé pour cela par M. Boulanger !

Vendredi soir.

Quel est le jeu de M. Boulanger ? Il additionne toutes les bévues, toutes les fautes, toutes les sottises, toutes les inepties commises par la coalition des partis extrêmes, et montrant ce total au pays :

« Voilà, dit-il, le parlementarisme! » — M. Boulanger, dans sa langue, celle de M. Bonaparte, appelle « parlementarisme » la liberté et la République.

Devant ce jeu cynique, évident, quel était le devoir de tous les républicains? Rien de plus clair : « Assez d'erreurs ont été commises; nous nous sommes assez déchirés, vilipendés, calomniés, fusillés les uns et les autres; écartons les questions qui nous divisent; unissons-nous contre Césarion sur le terrain de la loi, de la République... » Ainsi parlent le bon sens, la saine raison, le patriotisme. Or, voici ce qu'à fait la Chambre, ou plutôt la coalition de la réaction royaliste et du radicalisme intransigeant, la ligue du mal public :

La Chambre avait mis dix-huit mois à voter le budget : pour éviter à la République dans la crise actuelle, à la veille des élections municipales, en présence des entreprises audacieuses du césarisme, l'humiliation de nouveaux douzièmes, le Sénat avait mis de côté sa légitime fierté et, ne consultant que son patriotisme, avait voté en six jours la loi de finances. En ratifiant purement et simplement la loi telle qu'elle lui revenait du Sénat, la commission du budget eût fait preuve au moins de bon goût. La commission, de midi à cinq heures, a fait tout autre chose : elle s'est obstinée dans ses votes antérieurs, ses lubies les plus bizarres, ses caprices les plus inexplicables. A cinq heures, M. le président du

conseil a dû reprendre le chemin du Luxembourg
pour porter à la haute Assemblée le budget encore
une fois remanié.

Alors il s'est passé ceci : à peine M. le président
du conseil eut-il quitté le Palais-Bourbon qu'au
mépris de toutes les conventions, de tous les arran-
gements pris dans la journée, au mépris de la promesse formelle d'ajourner l'interpellation Rivet au
lendemain, M. Georges Laguerre est monté à la
tribune.

Il y a, au n° 35 de l'ordre du jour de la Chambre,
une proposition de M. Michelin, tendant à la revision des lois constitutionnelles; au nom de ses amis,
MM. Vergoin, Laisant, Le Hérissé, tous membres
du comité plébiscitaire que le *Parti Ouvrier* appelle
« le comité de prostitution nationale », M. Laguerre
demande la mise de ce projet en tête de l'ordre du
jour de la prochaine séance. Tel le premier ultimatum de M. Boulanger. Le candidat bonapartiste du
département du Nord n'est pas encore député;
M. Laguerre, en attendant, est son porte-paroles.

M. Boulanger, par la bouche de M. Laguerre, a
parlé :

Hoc volo, sic jubeo, sit pro ratione voluntas!

Et l'extrême gauche obéit aussitôt. En l'absence
de M. Clémenceau, c'est M. Camille Pelletan qui
grimpe à la tribune pour faire acte de soumission,
pour appuyer en termes pressants la motion de

M. Boulanger. Applaudissements sur les bancs de l'intransigeance. La droite s'éveille, s'inquiète : l'extrême gauche la devance dans cette course au clocher de la servitude ! l'extrême gauche la précède dans l'assaut final à donner à la République ! Ni M. Jolibois ni M. de Baudry-d'Asson ne sauraient supporter cette humiliation. Et M. Jolibois, au nom du parti de Décembre et de Sedan, et M. de Baudry-d'Asson, au nom du roi Philippe VII, s'élancent à la tribune pour acclamer l'ultimatum de M. Boulanger. L'appel au peuple, le plébiscite est le principe de M. Jolibois : il votera, avec sa faction, la motion de M. Laguerre. « Il faut, dit M. de Baudry-d'Asson, supprimer la République néfaste qui ruine et déshonore le pays. Vive la France par le roi ! » Et la droite royaliste votera avec la droite bonapartiste et la gauche intransigeante.

Un vent de folie a passé sur la Chambre. En vain M. Henri Brisson, dans un langage élevé ; M. Rouvier, dans un élan de puissante éloquence ; M. Goblet, dans un beau mouvement d'anxiété républicaine, supplient la Chambre de ne pas commettre la plus lourde des fautes, de ne pas jeter dans le pays un nouveau brandon de discorde, de ne pas briser le ministère qui a fait courageusement son devoir contre un soldat rebelle, de ne pas affaiblir un peu plus le gouvernement de la République ébranlé, menacé de toutes parts. Ni le ferme bon sens de M. Goblet, ni l'ardente prière de M. Rouvier, ni la haute raison de M. Brisson ne persuadent les sourds qui ne veulent pas entendre. M. Andrieux, M. Clémenceau, — qui ne se pardonnerait jamais de n'avoir point eu son rôle dans une curée ministérielle, — appuient avec énergie la motion de revision. En vain M. Tirard, qui est accouru du Sénat en toute hâte, demande à la Chambre de réfléchir, de ne pas condamner à son tour la Constitution républicaine qui, le matin même, a été dénoncée par le manifeste bonapartiste de M. Boulanger. Le président du conseil pose la question de confiance : raison de plus pour la coalition de voter comme le premier lieutenant de M. Boulanger lui a enjoint de voter ! Et, par 268 voix contre 234, la coalition des intransigeants, des césariens, des bonapartistes et des royalistes l'emporte encore une fois sur la majorité des républicains. Que la volonté de M. Boulanger soit faite !

La Chambre inscrit la revision en tête de son ordre du jour, la Chambre renverse le ministère qui venait de commettre ce crime d'assurer contre un soldat factieux le respect de la discipline devant l'armée et le respect de la loi devant le pays, — le ferme et loyal patriote qui, avant de quitter le pouvoir qu'il a honoré, repoussant comme indigne de lui toute arrière-pensée de rancune, va courir au Sénat et arracher au potriotisme de la haute Assemblée le vote du budget.

Malheureuse France ! Malheureuse République !

Après une crise qui dura trois jours, M. Floquet, qui avait été appelé immédiatement par le Président de la République, constitua un nouveau cabinet. M. Floquet devenait président du conseil et ministre de l'intérieur ; M. de Freycinet, ministre de la guerre ; M. Goblet, ministre des affaires étrangères ; M. Lockroy, ministre de l'instruction publique ; M. Peytral, ministre des finances.

M. Méline fut élu président de la Chambre en concurrence avec M. Clémenceau.

VENT DE FOLIE

10 avril.

— Vigie, d'où souffle le vent ?

— Vent de folie, toujours vent de folie !

Et il souffle terriblement. Hier, dans l'Aisne ; aujourd'hui, dans la Dordogne (1) ; demain, peut-être, dans le Nord. Notre malheureux pays passe, encore une fois, par toutes les phases de la tempête que les hommes de la deuxième République ont connue et qui les a emportés.

Comment le vent s'est-il levé ? Pour les mêmes raisons qu'autrefois : c'est la même lassitude, le même ennui, le même oubli des plus cruelles expériences, le même besoin, hélas ! d'avoir un maître. L'homme d'autrefois, s'il n'avait dans son passé ni Rivoli, ni Arcole, ni les Pyramides, avait au moins un nom : les mères exécraient ce nom ; mais il

(1) M. Boulanger avait été élu dans la Dordogne, le 8 avril, par 44,000 voix contre 28,000 au candidat républicain.

était cependant glorieux. Celui-ci n'a rien : ni Rivoli, ni Arcole, pas même un nom. Et le vent, pourtant, s'est levé, le même souffle d'orage, emportant et brisant sur son passage les idées, les principes, les convictions, les nobles espérances, poussant le navire désemparé vers le même gouffre. Que dis-je ? le même gouffre ! vers un abîme auprès duquel celui dont la République avait relevé la France de l'année terrible, la France durement châtiée pour s'être abandonnée à un homme, ne paraîtra qu'un fossé. On ne joue pas seulement la liberté, cette liberté que le sang le plus pur a arrosée à flots, et la République : c'est la France même qu'on joue aux dés.

Je sais bien qu'on dira : C'est les bonapartistes qui l'ont nommé ; dans la Dordogne, comme dans l'Aisne, comme dans le Nord, les gens de Brumaire et de Décembre ont flairé leur homme ; les entrepreneurs de coups d'État ont reconnu le héros fait à leur image, le général X... ; le soldat dépanaché qui fut le plat courtisan du duc d'Aumale, dont les Laguerre et les Vergoin célèbrent les vertus sur le mode intransigeant, a tendu la main, l'autre, aux Loqueyssie et aux Mitchell ; il est le général Janus, radical-socialiste avec les radicaux-socialistes, césarien plébiscitaire avec les bonapartistes...

Hé ! oui, tous les bonapartistes ont voté pour lui, mais ils n'ont pas été seuls ! La République avait conquis le département de l'Aisne sur le parti

de Décembre : c'est un boulangiste que l'Aisne vient
de nommer. La République avait arraché la Dordogne à M. de Fourtou : c'est M. Boulanger que la
Dordogne a acclamé avant-hier. Dans ces milliers de
voix dont on fait le dénombrement avec un insolent
orgueil, il y a des électeurs républicains. Ils ont été
trompés, égarés. Le vent qui souffle à travers la
montagne les a rendus fous. Mais ils sont là, ils
sont là ! il n'est pas possible de le nier, et il serait
coupable à nous de ne point dénoncer le péril dans
toute son étendue...

Et lui, impassible, poursuit sa route. Il ne dit
plus un mot de trop : dissolution, revision, il ne sort
pas de sa prudente formule. On a beau lui demander : « Quelle revision ? » Il ne répond pas ; est-ce
que la Chambre a précisé la revision qu'elle veut, le
jour où la même coalition que l'on vient de voir à
l'œuvre dans la Dordogne a renversé le ministère
Tirard ? Est-ce que la déclaration du nouveau cabinet a précisé ? Il a son secret : qu'on le devine ! Il a
son plan : allez le demander à son notaire ! Revision,
dissolution, et vive Boulanger !

Vous le connaissez, ô survivants des proscrits de
Décembre ! vous l'avez déjà entendu, ce cri ! Lui
aussi, l'autre, il avait inscrit sur sa pancarte la revision de la Constitution républicaine, et quant à la
dissolution, il y a encore quelques républicains qui
se souviennent de quelle sorte il l'opéra. Que veut-
il ?... Un siège de député, entre M. Laur et M. Ver-

goin? Est-ce que l'autre s'est contenté d'un siège de représentant du peuple entre M. Fialin et M. Rouher?... La présidence du conseil quand il y aura trois cents Doumer à la Chambre?... Lui, président du conseil, qu'il fasse, Lui, une si maigre chère!... Ce qu'il veut, ô monsieur le Président de la République, c'est votre place, c'est votre Élysée, c'est la première magistrature de l'État, où l'unanimité des républicains vous a porté!... Et quand il sera là, Georges-Ernest Boulanger, premier Consul, où sera la liberté? où sera la République? et que deviendra la patrie?

Et le vent de folie furieuse souffle toujours!...

MANGIN II

12 avril.

Mangin, vêtu d'un pourpoint rouge, chaussé de bottes jaunes, coiffé d'un casque à plumes tricolores et accompagné d'un batteur de grosse caisse, parlait ainsi du haut de son char que traînaient deux chevaux isabelle : « Parisiens ! peuple de gobe-mouches ! si j'étais habillé d'une redingote ou d'une veste comme le commun des bourgeois et si je vous offrais pour cinq centimes des crayons valant quatre sous, vous ne m'en achèteriez pas un seul ! Mais je porte un casque espagnol sur la tête et un sabre turc à mon côté, je suis escorté d'un cymbalier et je fais le pitre : vous m'acclamez ! je suis votre favori !... et je vous vends quatre sous des crayons qui ne valent pas quatre centimes ! »

Ainsi parlait Mangin Ier, qui, lui du moins, était sincère et véridique. Il traitait de « brutes » les badauds qui se disputaient sa pacotille ; il eût rougi de les appeler « glorieux électeurs ». Il se proclamait lui-même charlatan et saltimbanque ; il ne se regardait pas dans la glace comme le vengeur des iniquités sociales, le restaurateur de l'ordre et le vainqueur de l'Europe. Les libéraux n'étaient pas ambitieux sous le second Empire : « Donnez-nous seulement, disaient-ils, la liberté comme en Autriche. » Ne soyons pas plus difficiles : rendez-nous, seigneur mon Dieu ! Mangin Ier !... Mangin Ier, un bateleur de foire qui ne mentait pas, qui pouvait ouvrir la bouche sans mentir !

Car celui-ci a pour la vérité la sainte horreur du Chinois pour les œufs qui ne sont pas pourris. Il n'affirme jamais qu'en vain. A la face de ce peuple qui a toujours aimé la franchise et la lumière, il commence toujours par nier l'évidence du jour et par altérer les faits les plus notoires. Il doit son étoile de brigadier au duc d'Aumale : il jure à la tribune qu'il ne doit rien à son ancien patron. Son pistolet a raté dans un duel : il fait afficher au cercle qu'il a tiré en l'air. Il a écrit à « Monseigneur » le général Henri d'Orléans quelques-unes des lettres les plus plates qu'un soldat ait jamais signées : il déclare sur l'honneur qu'il n'a rien écrit du tout. C'est lui qui, dans le conseil des ministres, a demandé l'envoi de troupes de renfort à Decazeville : il atteste le ciel que celui qui voulait mitrailler les mineurs, c'était M. Carnot. Il fait le serment de donner l'exemple de la double discipline militaire et républicaine, « le respect des lois constitutionnelles devant, dans nos cœurs, do-

miner — c'est lui qui parle — tous les autres sentiments ! » et, après avoir traité la discipline militaire comme les Pandours traitaient les paysannes
ou les Bulgares la belle Cunégonde, il dénonce la
Constitution « qui doit dominer, dans nos cœurs, etc. »
à la haine et à la risée. Il engage sa parole au
ministre de la guerre qu'il est resté complètement
étranger aux manœuvres du comité plébiscitaire : à
la même heure, il recommande, par dépêche, de
« travailler ferme la presse et l'opinion ». Il y a des
gosiers dont la vérité ne peut sortir sans les écor-
cher : il est un de ces gosiers. Quand il suivait, le
cierge à la main, les processions de l'évêque de Belley, il mentait à Dieu. Il suit aujourd'hui, le bonnet
phrygien sur la tête, les processions de la *Lanterne :*
il ment au peuple. Il est double et triple et quadru-
ple : de la même plume dont il écrivait au duc d'Aumale pour mendier son apostille auprès du général
Farre, il s'adressait le même jour à un ami de Gambetta, implorant une audience où il pourrait exposer
ses titres et offrir son dévouement. Aujourd'hui, il
dîne avec M. de Loqueyssie et soupe avec M. de Rochefort. Il a juré obéissance et fidélité à toute
épreuve successivement à tous les puissants du jour :
aux évêques sous le 24 Mai pour passer colonel ; aux
princes d'Orléans pour passer général de brigade ;
à M. Grévy pour passer général de division ; à
M. Jules Ferry — après la liquidation, qui fut son
œuvre, du cabinet du général Thibaudin — pour

passer commandant du corps d'occupation de Tunisie ; à M. Clémenceau pour passer ministre ; au prince Victor pour passer député de la Dordogne ; à M. Laguerre pour passer député du Nord. Et il a manqué à tous ces serments.

«... Il ne parle pas, il ment. Cet homme ment comme les autres hommes respirent. Il annonce une intention honnête, prenez garde ; il affirme, méfiez-vous ; il fait un serment, tremblez !... Annoncer une énormité dont le monde se récrie, la désavouer avec indignation, jurer ses grands dieux, se déclarer honnête homme, puis, au moment où l'on se rassure et où l'on rit de l'énormité en question, l'exécuter, c'est là son procédé. Pensez-en ce que vous voudrez ; il s'en sert, il le trouve bon, cela le regarde. Il aura à démêler la chose avec l'histoire. »

Vous reconnaissez cette prose admirable, mon cher Lockroy ; elle n'est signée que de Victor Hugo, elle date de trente-sept années et elle est fraîche de ce matin.

Cet homme affirme qu'il veut la République : il aspire à la dictature ; — qu'il rétablira l'ordre : il organise l'anarchie ; — qu'il aime la liberté : il a la haine des démocrates libres ; — qu'il sera la paix : il sera la guerre ; — qu'il sera la victoire : il sera le désastre et l'invasion.

« Il affirme, méfiez-vous ; il fait un serment, tremblez ! »

DÉJEUNER

15 avril.

Le *Figaro* a publié hier le compte rendu sténographique du dernier déjeuner offert par M. de Rochefort à MM. Boulanger, Chincholle et Dillon. On a vu que les vins de son amphitryon avaient réussi à délier la langue du prétendant. M. Boulanger ne s'est point fait presser outre mesure pour avouer qu'il espère bien s'installer, d'ici quelques semaines ou quelques mois au plus tard, à la présidence de la République ; il ne s'est point fait prier davantage pour répondre avec une louable franchise à cette question de M. Chincholle, curieux de savoir à quel parti il appartenait réellement : « Vous voulez que je m'embrigade dans un parti ? Jamais de la vie ! »

Nous n'avions point attendu cet aveu de l'ancien courtisan du duc d'Aumale pour être fixés à cet égard : entre M. Boulanger et le parti républicain, il n'y a jamais eu rien de commun. Le parti radical a voulu exploiter M. Boulanger et a été exploité par lui ; le parti républicain n'a jamais connu et ne connaîtra jamais M. Boulanger. Cependant l'aveu est bon à recueillir. M. Louis Bonaparte avait eu l'habileté, en d'autres temps, de se dire républicain, et jusqu'au 2 Décembre inclusivement;—le condottiere d'aujourd'hui, dont le destrier est un cheval de cirque et le sabre une latte, n'a eu ni cette patience ni cette astuce. Grisé par quelques succès de café-concert, par l'acclamation des bonapartistes et par les basses flagorneries de quelques aventuriers, il se démasque tout de suite ; il a hâte de se montrer tel qu'il est, dès le début de son insolente et criminelle entreprise. Nous l'en remercions.

Quant au parti républicain, c'est, pour M. Boulanger, « le parti de l'avilissement national. » Ce n'est point d'ailleurs à M. Chincholle que M. Boulanger a fait part de cette opinion entre la poire et le fromage; c'est à M. Laguerre, dans une lettre destinée à la publicité, qu'il a fait part de cette appréciation réfléchie. Vous avez cru jusqu'à ce jour, citoyens, avec tous les patriotes, avec tous les hommes de cœur, avec tous ceux qui se souviennent de l'année terrible; « que le parti de l'avilissement national, c'est le parti de la dictature ; le parti qui réduit la nation à un individu; le parti qui commence par la mettre sous la botte d'un soldat et qui finit par la mettre sous la botte de l'étranger; le parti qui la mène, par une pente fatale, de Brumaire à Waterloo et de Décembre à Sedan, et qui, après l'avoir déshonorée par la servitude, la mutile par l'invasion. »

Détrompez-vous, Vacquerie! faites votre *meâ*

culpâ, citoyens! Le parti de l'avilissement national, c'est le parti qui a tenu le drapeau de la justice et du droit contre l'Empire ; le parti qui a sauvé l'honneur de la nation après le désastre où la dictature impériale avait perdu la fortune de la France ; le parti qui, depuis dix-huit années, a refait l'armée; couvert d'écoles ce qui nous reste de territoire, donné à la démocratie les libertés les plus larges dont jamais peuple ait eu la faculté d'user et d'abuser, refait notre domaine colonial, imposé au monde le respect de notre nom ; c'est le parti républicain.

Ainsi parle cet histrion, et, comme il a toujours dit la vérité, comme jamais le mensonge n'a effleuré ses lèvres pures, il faut le croire sur parole.

LE SCRUTIN DU NORD [1]

16 avril.

Le vent de la folie souffle toujours...

Et cependant l'équipage de la frégate républicaine avait bien lutté ! Sans doute, on s'était aperçu trop tard de la voie d'eau, et l'on s'était mis trop tard aux pompes. Mais cette tempête était si stupide ! mais ce noble vaisseau portait si fièrement le drapeau de la liberté ! C'était un autre dénouement qu'eût réclamé la justice.... Hélas ! ce n'est ni la première ni la dernière fois que la raison fait naufrage et que le droit se brise contre les écueils...

Nous laisserons triompher la bande des aventuriers qui ont mis M. Boulanger en actions, et, sans perdre une heure, nous reprendrons la lutte.

Nous avons connu des défaites plus cruelles, sinon plus humiliantes que celle d'hier ; la désespérance pourtant n'est point entrée alors dans le cœur de nos aînés, et ils se sont obstinés dans la bataille.

(1) L'élection du Nord eut lieu le 15 avril ; M. Boulanger fut élu par 179,000 voix contre 85,000 aux candidats républicains.

Nous ferons de même. Observons, d'ailleurs, qu'il était nécessaire d'en arriver là, à la honte répétée de ces scrutins de dictature et de guerre civile, pour que la vérité apparût.

La campagne du Nord vient de se terminer par une défaite; c'est elle, cependant, qui a ouvert les yeux des républicains. M. Boulanger a jeté le masque; il n'est d'aucun parti que du sien; il est le chef acclamé de tous les bonapartistes; il prétend au pouvoir suprême. Autour de lui, il n'y a plus de dupes, il n'y a plus que des complices. Les derniers lambeaux du voile sont déchirés : la conspiration a éclaté dans toute son impudeur, dans toute son audace.

Nous sommes battus et nous ne cherchons pas à dissimuler l'étendue de la défaite. Il y avait d'un côté le droit, la liberté, l'honneur, la République; de l'autre, M. Boulanger, M. Vergoin, M. de Rochefort et M. de Loqueyssie : c'est ceux-ci qui l'ont emporté. Mais on s'était flatté d'enlever le Nord au pas de course, et l'on ne triomphe qu'après une lutte acharnée. La Dordogne bonapartiste s'était donnée à cet homme; mais il lui a fallu violer la Flandre républicaine.

Nous recueillons aujourd'hui ce que l'intransigeance, éprise d'un soldat de rencontre, a semé depuis deux ans.

Nous recueillerons, dans quelque mois, ce que sèment, depuis quelques jours, les républicains sin-

cères de tous les groupes, les patriotes éprouvés de
tous les partis, unis dans la haine commune et le
dégoût de la plus misérable tentative de dictature
qui ait jamais menacé un peuple libre.

18 avril.

M. Camille Pelletan avait entrepris de racheter
l'âme de M. de Rochefort des griffes du césarisme
boulangiste : le jeune rédemptionniste a totalement
échoué. M. Pelletan a eu beau multiplier les objurgations, les arguments, les preuves, les inductions,
les citations et les témoignages : M. de Rochefort
s'est bouché les oreilles et continue à « adorer cet
homme-là ». Le *Monde*, venant à la rescousse de
la *Justice*, a affirmé que M. Boulanger entretient
depuis quelques mois des relations suivies avec
M. Victor Bonaparte, que l'ex-général a eu plusieurs
entrevues avec le prince : M. de Rochefort ne s'est
point troublé davantage et continue à chanter le
radicalisme immaculé du général victorien. M. Camille Pelletan a envoyé « ses compliments de con-
doléance » au socialiste d'antan : M. de Rochefort
n'a même pas renvoyé de *P. P. C.* à M. Camille Pelletan.

La *Justice* paraît fort marrie de cette bredouille ;
il nous est difficile de nous associer à ces regrets :
nous trouvons bon au contraire que cela soit ainsi.
M. de Rochefort, depuis que la République existe,

a traîné dans la boue, l'un après l'autre, les chefs les plus illustres de notre parti : Thiers, Jules Favre, Gambetta, Jules Ferry, Carnot ; les chefs les plus glorieux de notre armée : Saussier, Février, Galliffet, Campenon, Miribel ; comment, ô *Justice !* ne trouvez-vous pas naturel et dans l'ordre qu'il acclame dans M. Boulanger le plus pur des républicains et un soldat d'élite ?

> C'est tout simple ; et, vraiment, nous serions bonnes âmes
> De nous émerveiller lorsque nous entendons
> Les Veuillots aux lauriers préférer les chardons.

Tel était, du moins, n'est-ce pas ? monsieur Lockroy, l'avis de M. Victor Hugo.

OPTION NÉCESSAIRE

19 avril.

Les Chambres rentrent aujourd'hui avec la ferme intention, paraît-il, de rester en session jusqu'aux grandes vacances. Cette résolution est excellente : se séparer de nouveau eût été, d'ailleurs, un acte de coupable folie.

Un homme s'est levé qui fonde toute sa politique sur la stérilité dont il accuse le régime parlementaire : il faut, une fois de plus, le convaincre de mensonge. Les Chambres, si elles le veulent, peu-

vent faire aboutir, d'ici quelques mois, une ving-
taine de lois que le pays attend depuis de longues
années et qui constituent de véritables réformes.
(En tête de ces lois, la loi sur le service militaire,
qui serait chose votée, depuis deux ans, si M. Boulanger n'avait retiré le projet du général Campenon.)
Il suffit d'écarter de l'ordre du jour les questions
qui nous divisent, les questions de pure procédure
politique, et de n'apporter à l'étude des réformes
préparées que le seul souci du bien public. Les
amours-propres des groupes, les vanités des coteries,
tout cela doit rester à la porte. Le régime parlementaire, seule et unique sauvegarde des libertés, a été
dénoncé au pays : le Parlement a le devoir de répondre à la manière du philosophe ancien et de
prouver le mouvement en marchant.

Seulement, avant de se mettre à l'œuvre, dans
l'intérêt même du travoil législatif, qui réclame le
concours de toutes les bonnes volontés, il est nécessaire que le gouvernement soit mis en mesure de
s'expliquer en toute franchise sur la politique générale qu'il entend suivre. Ce débat est indispensable :
il n'y a pas un membre du Parlement qui ne soit
convaincu de la nécessité urgente de cette explication ; il n'y a pas un membre du ministère qui ne la
désire.

Il faut dire les choses telles qu'elles sont : le ministère que préside M. Floquet est composé, sans
aucun doute, de républicains sincères, dévoués, qui

ont fait leurs preuves; mais ce ministère est suspect de ménager M. Boulanger et la faction que ce soldat rebelle mène à l'assaut de la République.

Nous ne faisons pas à M. Floquet l'injure d'insinuer qu'il ne professe point pour la criminelle entreprise de M. Boulanger une haine profonde et un profond mépris; nous disons que son gouvernement a l'air de ménager ce conspirateur et que cette seule apparence est un péril qui ne saurait durer un jour de plus.

Et comment en serait-il autrement? La constitution même du cabinet, son programme initial, l'attitude qu'il a prise depuis son entrée aux affaires, les fautes qu'il a déjà commises, tout concourt à créer, à cette heure décisive et troublée, cette inquiétante impression.

La constitution du cabinet : c'est au moment précis où il ne fallait pas faire l'essai de cette réforme que le ministère civil de la guerre a été institué; M. le général Logerot, qui avait fait courageusement son ingrat devoir contre M. Boulanger, est remplacé par qui? par M. de Freycinet, qui avait inventé M. Boulanger, qui avait refusé, au printemps dernier, de constituer un cabinet d'où ce personnage serait exclu, et qui n'a pas su trouver encore l'occasion de réprouver d'une ligne ou d'une parole la détestable entreprise de ce factieux. Sans doute M. Pierre Legrand, M. Viette, M. Deluns-Montaud, ont pris résolument attitude contre le prétendant. Mais

M. Lockroy n'a-t-il pas refusé sa signature au manifeste de l'extrême gauche ?

La déclaration du cabinet : au lendemain de l'élection de l'Aisne, à la veille des élections prévues de la Dordogne et du Nord, en quels termes M. Floquet parle-t-il de l'agitation césarienne ? Il la traite avec sérénité d'agitation superficielle. Le programme de M. Boulanger tient en ces deux mots : dissolution et revision! M. Floquet ne s'est-il pas prononcé, tout en l'ajournant, pour la revision ?

Les premiers actes du cabinet : sans doute M. le ministre de l'intérieur a refusé la tête de M. le préfet de la Seine à l'autonomie communale; mais il a accordé aux haines boulangistes celle de M. Levaillant. Dans toutes les réunions électorales du Nord, MM. Laguerre et Vergoin ont proclamé cette disgrâce imméritée comme une victoire de leur cause.

L'attitude du cabinet : sans doute M. Floquet a prononcé dimanche, à l'Union du commerce, de fermes paroles; mais quel a été le langage de M. Édouard Lockroy à Verneuil? Un César d'aventure menace la République; M. le ministre de l'instruction publique n'en sait rien : il ne connaît que l'agitation des partis de monarchie. M. Boulanger réclame la dictature : « Aujourd'hui, dit M. le grand maître de l'Université, nous sommes divisés, non sur des principes, mais sur des personnes. »

Faut-il d'autres preuves ? Prenez, l'un après l'autre, tous les journaux boulangistes, la *Lanterne*, la *Cocarde,* la *France,* l'*Intransigeant :* matin et soir, tous les républicains qui ont relevé l'insolent défi de M. Boulanger y sont traînés dans la boue : M. Carnot est un traître et un assassin ; M. Rouvier, M. Tirard, M. Jules Ferry, M. Spuller, M. Ribot, sont souillés de tous les crimes ; M. Maret, M. Clémenceau, M. Vacquerie, M. Camille Pelletan, ne valent pas mieux. Puis, à côté de ces outrages sans nom, de ces calomnies abominables, de ce torrent d'injures et de diffamations, rien que des paroles douces et flatteuses à l'adresse de M. Floquet, à qui la *France* jure fidélité ; de M. de Freycinet, dont la *Cocarde* glorifie les choix ; de M. Lockroy, à qui la *Lanterne* tresse des fleurs... Pourquoi ce contraste ? Pourquoi ces exceptions ?

Nous saurons sous peu, peut-être aujourd'hui même, à quel programme le ministère s'est arrêté : il serait peu équitable d'en préjuger. Mais, quelle que soit cette politique, radicale ou modérée, intransigeante ou progressiste, les républicains de tous les groupes ont le devoir, avant même de l'examiner, de poser au cabinet cette condition préalable : Qu'il sache mériter les outrages et les injures des césariens ; qu'il soit, lui aussi, à l'honneur de leur haine...

Entre l'indulgence des césariens et la confiance des républicains, il faut opter !

LE MANTEAU TROUÉ

20 avril.

L'interpellation était tellement dans l'air que M. le président du conseil s'est interpellé lui-même. M. Floquet s'en est défendu : il a eu tort. Du moment que l'Union des gauches, crainte de paraître agressive, avait décidé de ne pas prendre l'initiative d'une interpellation, M. Floquet, moins timoré, avait le devoir de provoquer lui-même le débat. La question des riz, des maïs et des alcools, qui venait en tête de l'ordre du jour, était assurément fort importante : il y avait cependant une question préalable à régler.

Ce qui devait être dit sur cette autre question, M. le président du conseil l'a-t-il dit comme il devait le dire ?

M. le président du conseil est monté deux fois à la tribune : il a paru y apporter deux fois de suite la préoccupation dominante de répondre à l'édition complète des discours de M. Jules Ferry, au discours de Rouen, au discours du Havre, au discours d'Épinal. Faut-il avouer que cette joute oratoire de famille nous laisse fort indifférents ?

12.

M. le président du conseil a proclamé avec sa solennité naturelle que le péril, selon lui, n'est pas à gauche.

Que signifie cette vaine formule? Il y a gauche et gauche, monsieur le président du conseil, et même extrême gauche et extrême gauche! Un petit quart d'heure avant la séance, l'extrême gauche, « considérant que les idées plébiscitaires et dictatoriales sont la négation des principes républicains, a constaté que ceux qui soutiennent ces idées n'ont rien de commun avec elle, » et les a exclus de ses réunions; voilà un langage net et franc, et qui se comprend : que ne le parlez-vous?

Vous proclamez que vous êtes « un gouvernement qui marche vers la gauche » : qu'est-ce dire? Tout à l'heure, comme il venait de traverser Paris dans un landau de noces, M. Boulanger viendra s'asseoir à la place même où M. Bonaparte s'était assis avant lui, « sur les bancs supérieurs de la gauche, dans la cinquième travée, dans cette zone — je cite Victor Hugo — communément appelée la Montagne. » Est-ce *vers* ou *contre* cette gauche-là que marchent tous les membres de votre cabinet?

M. le président du conseil a déclaré ensuite, sur la question de la revision, qu'il demandait à la Chambre « d'attendre le moment où la revision ne serait plus le piège tendu par les monarchistes ou

le manteau troué de la dictature ». La formule,
cette fois, était excellente ; mais quelle sanction
M. Floquet a-t-il donnée, cinq minutes plus tard, à
ce qu'il avait appelé lui-même un solennel engagement ?

Cinq minutes plus tard, M. Floquet, silencieux
à son banc, laissait mettre à l'ordre du jour des
bureaux, pour le samedi 21 avril, la nomination de
la commission de revision.

Je ne veux pas jouer au prophète de malheur ;
mais qui ne voit que cette commission ne tardera
pas, à peine constituée, à vous faire faire du chemin, monsieur le président du conseil, à vous et,
hélas ! à nous aussi.

Enfin, M. le président du conseil s'est prononcé,
avec une énergie qui a soulevé de légitimes applaudissements, « contre tous les prétendants, qu'ils se
couvrent ouvertement du drapeau de la monarchie
ou qu'ils présentent à la nation des énigmes plébiscitaires. » Mais, ici encore, quelle sanction M. Floquet a-t-il donnée à cette déclaration de guerre ?

Deux ordres du jour sont en présence : l'un, de
M. Jumel, étincelant de tous les feux de la phraséo-
logie ; l'autre, de M. Tony Révillon, visant résolument les menées césariennes.

L'ordre du jour de M. Tony Révillon, les républicains seuls peuvent le voter ; l'ordre du jour de
M. Jumel sera adopté, au contraire, par les plé-

biscitaires eux-mêmes, que l'extrême gauche vient d'exclure; M. Boulanger, qui va entrer dans la salle des séances, peut le voter des deux mains. C'est pour l'ordre du jour de M. Jumel que se prononce le gouvernement.

Il faut rendre à la Chambre cette justice : elle a voté l'ordre du jour de M. Jumel, mais elle a repoussé à de fortes majorités toutes les propositions d'ajournement qui lui ont été présentées. M. le président du conseil donne et retient; la Chambre fait de même.

Et cependant, contre la menace toujours grandissante du césarisme, il n'y a de salut que dans l'union de tous les républicains, que dis-je : de tous les républicains ?... dans l'union de tous les patriotes qui n'ont pas encore, après dix-huit années, oublié ce qu'il en coûte à un peuple de se livrer à un homme !

27 avril.

On sait que M. Anatole de la Forge a été chargé de demander à MM. de Freycinet, ministre de la guerre, et Lockroy, ministre de l'instruction publique, leur adhésion au manifeste des sénateurs et des députés républicains de la Seine. On a raconté, d'autre part, que M. Georges Laguerre a été chargé d'inviter MM. Lockroy, député, et de Freycinet, sé-

nateur, au banquet que M. le général Boulanger
offre à ses amis au café Riche.

MM. Ch. de Freycinet et Édouard Lockroy ont adressé la lettre suivante à l'éloquent défenseur de Saint-Quentin :

> Cher ami,
>
> Nous aurions répondu avec le plus vif plaisir à votre appel.
>
> Malheureusement, comme dit Lockroy, nous sommes ministres, et notre grandeur nous attache à la neutralité.
>
> Nous ne signons plus que les déclarations du gouvernement.
>
> Amitiés sincères à Clémenceau, mille regrets et bien à vous.
>
> Cᴴ. ᴅᴇ Fʀᴇʏᴄɪɴᴇᴛ.
> Eᴅ. Lᴏᴄᴋʀᴏʏ.

MM. Édouard Lockroy et Ch. de Freycinet ont adressé la lettre suivante à l'éloquent défenseur de Campi :

> Cher ami,
>
> Nous aurions répondu avec le plus vif plaisir à votre appel.
>
> Malheureusement, comme dit Freycinet, nous sommes ministres, et notre grandeur nous attache à la neutralité.
>
> Nous ne mangeons plus que les truffes du gouvernement.
>
> Amitiés sincères à Boulanger, mille regrets et bien à vous.
>
> Eᴅ. Lᴏᴄᴋʀᴏʏ.
> Cᴴ. ᴅᴇ Fʀᴇʏᴄɪɴᴇᴛ.

Il convient d'ajouter que ce n'est point à l'agence Havas que nous devons le texte de ces deux documents.

EN CABINET PARTICULIER

29 avril.

Il est matériellement impossible à M. Boulanger de faire deux fois de suite, à cinq minutes d'intervalle, la même réponse à la même question :

§ A. — Question : *Qui vous a fait général ?*

1re réponse. — Monseigneur, c'est vous qui m'avez proposé pour général ; c'est à vous que je dois ma nomination. (Belley, 8 mai 1880.)

2e R. — Je ne vois donc pas en quoi le duc d'Aumale a été pour quelque chose dans ma nomination. (Paris, 13 juillet 1886.)

§ B: — Question : *Avez-vous écrit au duc d'Aumale la lettre publiée par le* Figaro *du* 1er *août ?*

1re R. — Plus je fouille dans ma mémoire, plus je suis convaincu que cette lettre est apocryphe. *Béni serait le jour* n'est pas de moi. Je vous prie de donner le démenti le plus formel à cette lettre. (Paris, 1er août 1886, *interview* avec un rédacteur du *Voltaire*.)

2ᵉ R. — Je déclare authentiques les lettres que M. le duc d'Aumale vous a chargé de publier. (Paris, 3 août 1886, lettre à M. Limbourg.)

§ C. — Question : *Que pensez-vous des lois constitutionnelles ?*

1ʳᵉ R. — Leur respect doit, dans nos cœurs, dominer tous les autres sentiments. (Ordre du jour du 30 mai 1887.)

2ᵉ R. — A l'impuissance dont l'Assemblée législative est atteinte, il n'y a qu'un remède : dissolution de la Chambre, revision de la Constitution. (Manifeste du 29 mars 1888.)

§ D. — Question : *Quelles sont vos relations avec le comité Thiébaud ?*

1ʳᵉ R. — J'ai été et je demeure étranger à tout ce qui se passe relativement aux élections législatives du 26 février. (Dépêche du 17 février au ministre de la guerre.)

2ᵉ R. — Il faut maintenant travailler fermement la presse et l'opinion. (Dépêche du 18 février au trésorier du comité Thiébaud.)

§E. — Question : *Aspirez-vous à la présidence de la République ?*

1ʳᵉ R. — Je n'ai pu m'empêcher d'envisager cette perspective ; on n'est pas tout seul candidat à la présidence de la République ; on le devient par un concours de circonstances qu'on a souvent vu naître à regret, et je n'ai pas besoin de vous répéter que

c'est mon cas. (Déjeuner du 12 avril 1888 chez
M. de Rochefort.)

2ᵉ R. — Je vous l'affirme sur l'honneur : Si à la
Constituante quelqu'un proposait la suppression de la
présidence de la République, je ferais plus que l'approuver : je serais le premier à la voter. (Dîner du
27 avril 1888 au café Riche.)

Des réponses contradictoires du 8 mai 1880 et
du 13 juillet 1886, du 1ᵉʳ août et du 3 avril 1886, du
30 mai 1887 et du 29 mars 1888, du 17 février et du
18 février 1888 ,nous savons aujourd'hui, les faits
ayant parlé après le général, celles qui sont con-
formes à la vérité. La réponse n° 1 du § A ainsi
que les réponses n° 2 des § B, C et D sont exactes ;
par suite, la réponse n° 2 du § B, ainsi que les
réponses n° 1 des § B C et D sont...

CLITON

Votre ordinaire est-il de rêver en parlant ?

DORANTE

Où me vois-tu rêver ?

CLITON

J'appelle rêveries
Ce qu'en d'autres qu'un maître on nomme menteries.
Je parle avec respect.

DORANTE

Pauvre esprit !

Hé ! oui, pauvres esprits que nous sommes !

Comment savoir, en effet, comment prévoir laquelle des deux réponses à cette question : « Aspirezvous à la présidence ? » est sincère, véridique ? Le 12 avril 1888, à midi trois quarts, déjeunant chez M. de Rochefort, causant avec M. Chincholle, la main droite sur la poitrine à l'endroit où est le troisième bouton de sa redingote, M. Boulanger déclare qu'il veut être président de la République... Le 27 août, à dix heures trois quarts, dînant au café Riche, répondant à M. Naquet, M. Boulanger affirme sur l'honneur qu'il votera la suppression de la présidence... Comment savoir ? Comment deviner ? Où est la vérité ? Où est le mensonge ?... Supputons : sans doute, une affirmation sur l'honneur de M. Boulanger, c'est quelque chose ; mais un serment sur le troisième bouton de sa redingote est-il négligeable ?... Doute affreux !... Certes, M. Chincholle n'est point de ces juges à qui il soit facile d'en imposer ; mais M. Alfred Naquet est-il accoutumé à se laisser dindonner ?... Assurément, la salle à manger de M. de Rochefort est un lieu austère : au premier mensonge qui y serait prononcé, les murs en croulcraient d'eux-mêmes ; et l'on sait de source certaine que les murs en sont en bon état. Mais le grand Seize du café Riche n'est-il pas, lui aussi, un sanctuaire ?... Tenez, là-bas, au-dessus du canapé rouge, un fin diamant a tracé sur la glace ces mots : « Georges Chienchien jure à sa petite Marianne

13

chérie de ne jamais la tromper ! » Et qui donc oserait douter que ce serment de Georges, prêté en cabinet particulier, entre deux écrevisses et deux baisers, que ce serment n'ait pas été tenu ?

— Réunissez une Constituante, susurre Naquet, vous verrez bien !

— Hé ! mon doux Naquet, qu'y verrai-je donc ? En souvenir de l'amitié de dix années que vous avez brisée vendredi soir en mille morceaux... (vous avez eu l'audace, ô Naquet ! de comparer Boulanger à Gambetta !)... en souvenir de cette amitié, je vous fais cette dernière concession : eh bien ! oui, le faux serment est celui qui a été prêté à déjeuner, chez M. de Rochefort, et l'affirmation véridique est celle qui vous a été tenue, à vous, au café Riche... Soit ! à cette Constituante que vous appelez de vos vœux imprudents et coupables, M. Boulanger votera la suppression de la présidence, il fera, lui aussi, son Grévy de 48... Et après?... Vous connaissez par cœur, Naquet, le discours de M. Jules Grévy pour la suppression de la présidence de la République ; vous m'avez dit vingt fois que vous trouviez ce discours admirable... Qu'est-ce que ce discours a empêché ?... Le 30 janvier 1879, M. Jules Grévy a-t-il repoussé la présidence que lui offrait le parti républicain ?

« J'affirme sur l'honneur que je voterai la suppression de la présidence ! » Et Naquet se confie ! il croit ! O abîme de candeur !... Et l'homme vient de

faire appel à tous les ennemis de la République ; il
a été l'élu, avant-hier, de tous les victoriens dans la
Dordogne et, hier, de tous les bonapartistes dans le
Nord ! Du balcon de son cabinet particulier, c'est à
toutes les vieilles hontes de l'Empire qu'il fait « Pst !
pst ! » Dans cette République qui ressemblera à
l'Italie que maudit Dante, *non ostello ma...*, on ne
demandera « à personne d'où il vient ». M. de Maupas vient du sang du faubourg Montmartre : montez,
joli garçon ! M. Émile Ollivier sort de la boue de
Sedan : entrez, jolie fille ! Et vive la joie !... Pour
avoir appelé à l'état-major du ministère de la guerre
l'auteur du plan de mobilisation et de concentration,
pour avoir ouvert la porte de la République au général
de Miribel, Gambetta a été dénoncé comme traître
à la République par M. de Rochefort. M. Boulanger, qui n'a peut-être pas les mêmes titres à la confiance des républicains que Gambetta, admet tout
le monde dans son hôtellerie : « Vive Boulanger ! »
crie M. de Rochefort.

Et l'on descend sur le boulevard, l'œillet rouge à
la boutonnière, le chapeau sur l'oreille. La foule
crie : « Vive la République ! A bas Soulouque ! A
bas Boulanger ! » M. de Rochefort n'aime pas les
foules, mais M. Déroulède, M. de Susini et M. Le
Hérissé défient les républicains : « Vive Boulanger ! » Et la petite fête finit par un tapage nocturne,
un essai de rébellion contre les représentants de
l'ordre. M. Déroulède s'arcboute contre les maisons

et déchire les vêtements des agents; M. Le Hérissé
imite un si bel exemple. Toute la noce au violon!

Metz, patrie de Fabert! Strasbourg, patrie de
Kléber! est-ce là le général que vous attendez?

A LÉANDRI

5 mai.

La Sévigné moderne — j'ai nommé M. Georges-
Ernest Boulanger — vient d'adresser à M. Léandri une délicieuse épître. En mon âme et conscience,
j'attendais ce billet doux depuis bientôt trois semaines. Cette lettre était nécessaire, fatale, inéluctable,
écrite d'avance au grand registre de la Destinée.
Maupas n'était pas mal; mais c'était défraîchi. Ollivier était mieux; mais c'était teinté d'un vieux
reste de libéralisme. Le pôle sympathique, c'était
Léandri.

Maupas, le jour du crime, s'était enfermé sous
triple verrou à la préfecture de police : — Morny,
qui se connaissait en hommes, le traitant de j...-f...,
l'avait même engagé à se coucher; — Léandri, lui,
les jours de crise, se jette hardiment, la dague au
côté et l'escopette au poing, dans le maquis. Ollivier
s'était contenté de trahir les républicains; Léandri,
lui, quand il est sous le coup d'un bon mandat d'a-

mener, appelle bravement tous les « plébiscitaires »
de la montagne à l'assaut contre la « gueuse ».
L'homme qu'il fallait, c'était Léandri. Boulanger
manquait à Léandri; Léandri faisait défaut à Boulanger. Béni soit le jour où ces deux grands génies
se sont rencontrés !

Donc M. Boulanger a remercié du fond du cœur
M. Léandri. Le chef des bonapartistes corses, à la
suite d'une réunion tenue à Ajaccio, avait envoyé
un télégramme d'adhésion à M. Boulanger. Le chef
des bonapartistes continentaux s'est empressé d'écrire à son collègue que « cette dépêche résume en
« quelques mots son programme politique contre le
« parlementarisme. » *Bonapartistus bonapartistum
fricat*. M. Léandri chante *En rev'nant de la r'vue*
sur l'air de *Partant pour la Syrie*. « Vous et moi,
écrit M. Boulanger, nous n'avons qu'une seule et
même devise... » Vive Boulanger ! vive l'empereur !

La *Lanterne* ni l'*Intransigeant* n'ont reproduit,
dans leurs colonnes, ni l'*interview* Maupas, ni la
déclaration Ollivier, ni la lettre à M. Loyson. Gageons que ces deux moniteurs du boulangisme (côté
gauche) ne reproduiront pas davantage la lettre du
brave général au brave Léandri.

ABONDANCE DE MATIÈRES

7 mai.

Les journaux boulangistes sont encombrés de *copie :*

1° Note portant reconstitution du comité de protestation nationale, qui s'appellera désormais « comité républicain national »; pourquoi pas franchement : comité Boulanger ? — C'est le général Bergeret lui-même qui présidera; M. Naquet a été acclamé vice-président, M. Dillon, trésorier, et M. Maurice Vergoin, secrétaire général. Le comité est homogène.

2° Proclamation de l'ex-Ligue des patriotes, où MM. Naquet, déjà nommé, et Turquet, protestent « contre la Constitution usurpatrice de 1875 » — que ces aimables compagnons, usurpateurs sans le savoir, avaient d'ailleurs votée avec ensemble, — et « contre le parlementarisme ministériel de ces douze dernières années ». Au cours de ces douze dernières années, il nous semblait que M. Alfred Naquet avait fait risette à plus d'une combinaison ministérielle en voie de formation et que M. Edmond Turquet avait même accepté par deux fois le poste envié de sous-secrétaire d'État. Nous nous trompons sans doute : le Naquet dont il s'agissait alors était républicain et le Turquet de cette époque, lieutenant enthousiaste de M. Ferry, prenait les vers de M. Déroulède pour de la prose. Ce sont des homonymes, ce ne sont point les mêmes Naquet et Turquet !

3° Préface de l'histoire de la guerre de 1870 en une suite de livraisons populaires, avec vignettes, par M. Georges-Ernest Boulanger, déjà nommé. Cette préface est un pur chef-d'œuvre : les pronoms « je » et « moi » y reviennent, comme dans un livre de M. Ollivier, à toutes les lignes ; — M. Jules Rouff fera bien de renouveler ces cinq caractères qui vont s'épuiser ; aussi bien, quand il s'agit de M. Boulanger, le « moi » n'est jamais haïssable. — L'éminent député du Nord s'élève avec force contre « les hommes à courte vue » qui pensent que l'armée « n'a d'autre mission que de se taire et de se battre » ; elle a droit de juger la politique qui « lui ordonne de laisser son épée dans la gaine ou de la brandir au clair... » Il est probable que le livre aura pour épigraphe le mot de Castelar : « Le général Boulanger ? Je le connais : c'est un général espagnol. »

Comme bien l'on pense, une pareille abondance de matières a obligé, encore une fois, la *Lanterne* et

l'*Intransigeant* à remettre à demain la publication
de la lettre de M. Boulanger à M. Léandri. Et
comme les matières en question continueront sans
doute à s'amonceler, ces deux moniteurs du boulangisme (côté gauche) vont être encore empêchés, selon
toute probabilité, de reproduire la conversation de
l'ex-général avec le citoyen Avronsart. On trouvera
plus loin cette conversation que publie le *Parti
ouvrier* et l'on comprendra sans trop de peine le
regret douloureux qu'éprouvent nos deux gazettes
à ne pas reproduire ce chapelet de perles fines....

D'abord, cette admirable parole de M. Boulanger,
ce cri du cœur où l'on reconnaît l'homme tout entier : « Puisque la France est pour moi, *je serais
bien bête de ne pas en profiter !* » (Tel Faublas :
« La femme de chambre est pour moi, je serais bien
bête, etc. » C'est textuel.)

Puis cette déclaration : « Il faut surtout, dit
M. Boulanger, se débarrasser de la juiverie. » Je
m'étais laissé dire que Naquet sort du sein d'Abra-
ham : c'est évidemment une calomnie opportuniste;
on m'avait affirmé que M. Mayer, directeur de la
Lanterne, comptait, lui aussi, parmi les coreligion-
naires de saint Joseph : c'est apparemment une
autre calomnie.

Enfin ce dialogue cornélien, à propos de l'insurrection communaliste :

Boulanger. — Avouez qu'il y avait parmi vous
de *la fripouille.*

AVRONSART. — Il y a de la fripouille partout ; celle d'en bas a pour excuse l'ignorance et la misère ; celle d'en haut n'a pas d'excuse ; *et, autour de vous, il y a aussi de la fripouille.*

« De la fripouille parmi vous ! » dit M. Boulanger à cet ancien soldat de la Commune. Qu'en dites-vous, général Eudes ? Marquis de Rochefort, qu'en pensez-vous ?... Quant à l'autre fripouille, celle d'en haut... Flamberge au vent, Vergoin ! En garde, Naquet, Le Hérissé, Michelin ! Aux armes, mitrons !

LE MAHDI

8 mai.

J'ai appelé l'autre jour M. Boulanger « Mangin II »; un journal de province, qui a reproduit l'article, a cru à une erreur typographique et a bravement imprimé « Mandrin II ». La grammaire de Noël et Chapsal avait cette formule:« L'un et l'autre se dit ou se disent. » Mais, Mangin II ou Mandrin II, qu'est M. Boulanger dans l'ordre des phénomènes historiques ? C'est un Mahdi (1).

Le Mahdi, dans le monde de l'Islam, c'est le Messie. Quand Mahomet parut, il y avait en Arabie, à côté du vieux paganisme national, trois religions étrangères : le judaïsme, le christianisme et la religion de Zoroastre. Or, un trait qui était commun à

(1) J'emprunte les renseignements de cet article à une admirable conférence de M. James Darmesteter sur le *Mahdi depuis les origines de l'Islam jusqu'à nos jours.* (Sorbonne, 28 février 1883. — *Revue bleue,* 7 mars.) J'en reproduis les principaux passages presque textuellement.

ces trois religions, c'était la croyance en un être surnaturel qui devait, à la fin des temps, ramener dans le monde l'ordre et la justice qui en sont bannis et préluder au règne de la félicité sans fin. Dans les trois religions, l'arrivée du sauveur devait être précédée d'un immense déchaînement des forces du mal, personnifié chez les Juifs par Gog et Magog, — comme qui dirait Ferry et Clémenceau; — chez les chrétiens par l'Antéchrist, — comme qui dirait le régime parlementaire, — et chez les Persans par le serpent Zoliâk, — comme qui dirait la Liberté.

Mahomet condensa ces croyances dans un messianisme approprié. L'idée fondamentale de l'islanisme, c'est l'impuissance de l'homme à se diriger lui-même, à trouver la vérité, la voie droite. Par bonheur, Dieu envoie par instants à l'humanité ignorante des hommes en qui il met sa science et à qui il révèle ce qui est et ce qu'il faut faire : ce sont les prophètes. Le prophète, par lui-même, est aussi ignorant, aussi frêle, aussi borné que le reste de ses frères; mais Dieu lui dicte, fait de lui son porte-parole, et, s'il est le directeur des hommes, c'est parce que lui-même est seul « le Bien-Dirigé », le dirigé de Dieu, le Mahdi, — Georges Boulanger.

Depuis la mort de Mahomet jusqu'à l'année dernière, c'est par douzaines que l'islamisme a compté ses Mahdis, — tous faux Mahdis, hélas! puisque le règne de la félicité sans fin n'est pas plus commencé à Ispahan ou à Damas qu'à Paris, — mais ayant

été tous crus sur parole et suivis par des foules enthousiastes jusqu'au jour où leur imposture a éclaté
dans quelque catastrophe. Le Mahdi, d'ailleurs, —
ce qui rend la fourberie si facile et, jusqu'au dénouement, si fructueuse, — ne se distingue du commun
des mortels que par l'impudence avec laquelle il se
présente comme le sauveur.

Les Mahdis — ceux de l'Islam, car les Bonaparte
et les Boulanger procèdent différemment, — commencent tous par être des saints d'une austérité et
d'une chasteté exemplaires. On ne les rencontre ni
dans les coulisses des harems ni dans les cafés à la
mode. Puis ils font des miracles : par exemple, ils
font parler les anges du fond d'un puits, ce qui est
certainement moins prodigieux que d'atteler au
même landau M. de Rochefort, le père Hyacinthe,
le comte de Paris et M. Émile Ollivier ; — et ils font
trompeter ces miracles à travers les douars par des
derviches à gages, qu'on appelle communément
journalistes. Le peuple, qui souffre ou qui s'ennuie,
acclame l'homme providentiel, le beau Sauveur.
Mata yathar el Mahdi ? « Quand apparaîtra le
Mahdi ? » Le voilà, le Mahdi ! Voici-Boulanger !

Le Mahdi n'aime pas l'opposition. Il y a partout,
même au désert de Homs ou en Tripolitaine, des
esprits sceptiques, des hommes prévoyants, des
libéraux ; mal leur en prend. Un jour, un cheik osa
dire au Mahdi Obeïd-Allah : « Si tu es le Mahdi,
fais un miracle, car nous doutons fort que tu sois ce

que tu dis. » Obeïd répliqua en lui faisant trancher
la tête. Ce n'était pas un miracle ; mais cela fermait
tout de même la bouche aux incrédules. Que ne
peut-on faire trancher la tête d'Avronsart !

Le Mahdi n'emploie pas que la terreur : il ne né-
glige point la corruption. Le jour où les docteurs
d'Égypte, recevant Moez-lidin-Allah, lui demandè-
rent de donner des preuves de sa mission, il les
convainquit sans peine avec deux arguments : il mit
la main à la garde de son épée en disant : « Voici
ma mission », et leur jeta une poignée d'or en disant :
« Voilà mes preuves. » Ceci se passait en l'hôtel du
Louvre, au Caire, en l'an 960.

Le Mahdi commence régulièrement par réussir ;
il est sans exemple qu'un chamelier, se proclamant
lui-même Mahdi, ait été, dès le début de l'opération,
hué et conspué selon ses mérites. Un Mahdi trouve
toujours des croyants, comme un faiseur trouve
toujours des actionnaires. — L'homme est, comme
on sait, le plus intelligent des animaux. — Parfois
même les mahdistes exagèrent leur enthousiasme
et deviennent compromettants. Tels les *chiites* qui
adoraient Ali comme l'incarnation d'Allah et di-
saient : « Tu es dieu. » Ali, indigné et inconscient
de sa divinité, leur faisait couper le cou, et les têtes,
en roulant, continuaient à crier : « Ali, tu es dieu!... »
Ainsi crieraient les têtes de Vergoin, de Laisant et
de Leandri si Boulanger s'indignait un jour d'être
appelé dieu.

La tribu se donne ; le Mahdi la prend. D'abord (naturellement) il fait travailler le bourreau : tantôt il fait bâtir des tours tout entières, par exemple à Samarkand, avec des crânes d'antimahdistes ; tantôt cent kilomètres de routes sont bordés de pals « coiffés », comme à Ispahan. Puis la grande *diffa* commence. Le moindre mahdiste est fait bey, pacha, capitan, mamamouchi ; l'or coule à flots avec le vin ; les houris et les almées, installées dans la tente royale, dite le grand Seize, ont pour esclaves les femmes et les filles des saints ulémas : « C'est nous maintenant qui *sont* les princesses ! »

Le peuple, lui, respire l'odeur des festins ; et les impôts sont doublés.

Ces fièvres pernicieuses, en Orient comme en Occident, durent plus ou moins longtemps, tantôt dix-huit mois, tantôt dix-huit ans, mais elles finissent toujours de la même façon : d'épouvantables désastres pour les malheureux qui ont cru en la parole du Mahdi. Ainsi des Nubiens massacrés par le chef de brigade Lefèvre à Damanhour, des Kurdes taillés en pièces par Mohamed IV, des Berbères décimés à la fin du treizième siècle à Marsa, etc. Quant au Mahdi, il transige généralement avec le vainqueur. Ainsi Sabtaï-Zédi. Quand le sultan le fit attacher nu à la cible et offrit de se convertir si les flèches s'émoussaient sur son corps, Sabtaï déclina l'épreuve, coiffa le turban et obtint une place de porte-clefs au harem. Nous pourrions voir de même, un jour,

M. Boulanger concierge en chef à la prison de Saint-Lazare.

En résumé, le Mahdi est un farceur qui s'annonce, selon les propres expressions du Coran, comme « un « homme qui remplira la terre de justice autant qu'elle « est remplie à présent d'iniquités ». (*Voir* les « Prairies d'or », II, 162, les « Prolégomènes d'Ibn Khaldoun », II, 525, la collection de l'*Intransigeant* et de la *Lanterne*.) Le dernier Mahdi musulman parut à Khartoum le 13 *djoumádá moulá* de l'année 1302 de l'hégire (28 février 1885); notre dernier Mahdi parut dans le ministère du 8 janvier 1886.

« On a attendu le Mahdi dès les premiers jours de l'Islam, écrit notre savant ami M. James Darmesteter, et il y aura des mahdis tant qu'il y aura un musulman. »

N'AVOUEZ JAMAIS !

Depuis que le boucher Avinain a prononcé, sur les marches de la guillotine, la fameuse parole : « Enfants de la France, n'avouez jamais ! » on citerait difficilement un seul malfaiteur qui ait commis, alors même qu'il était arrêté en flagrant délit, la moindre confession. Troppmann disait : « Je ne suis jamais allé à Pantin ; c'est des hommes barbus qui ont fait le coup ! » et Pranzini jurait qu'à l'heure même où Mme de Montille et sa bonne tombaient sous ses coups, il était en galante conversation avec une grande et « honneste » dame.

M. Laguerre, avocat d'assises fort distingué, est en outre l'un des conseillers les plus autorisés de M. Boulanger ; il a appris à son illustre client le principe d'Avinain — et M. Boulanger n'avoue jamais. Il a nié les lettres au duc d'Aumale, les dépêches au comité Thiébaud, la conversation avec le citoyen Avronsart. Comme le nègre du maréchal, il continue : par le canal de l'agence Havas, canal qui en a rougi, le traître ! tout comme l'épée de don Sanche, il affirme aujourd'hui « qu'il n'a nullement « posé sa candidature dans l'Isère, qu'il n'a autorisé « personne à signer en son nom aucune affiche et « que si, par hasard, cette affiche existe, *ce qui lui* « *semble impossible*, il est décidé à poursuivre les « personnes qui auraient abusé de son nom ».

Ce démenti vaut — naturellement — ce que valent toutes les affirmations de M. Boulanger.

M. Boulanger déclare qu'il n'est pas candidat dans l'Isère...

Prenez la *Cocarde* : non seulement elle ne publie pas le démenti de l'agence Havas ; comme la *Cocarde* est distribuée à profusion dans l'Isère, la reproduction de la note gênerait l'opération ; elle la supprime donc, tout comme la *Lanterne* et l'*Intransigeant* continuent à ignorer la lettre à Leandri ; et bravement, en tête de ses colonnes, le principal moniteur césarien publie le bulletin de vote que voici : « Élection législative du 13 mai, département de l'Isère, général Boulanger, candidat national. » C'est la comédie du 26 février qui recommence : alors aussi, M. Boulanger déclarait sur l'honneur, au ministre de la guerre, qu'il n'était pas candidat et qu'on « abusait de son nom ». Il télégraphiait à la même minute à M. Dillon de chauffer l'opinion et la presse.

« Si, par hasard, continue M. Boulanger, ce

qui me semble impossible, cette affiche existe... »
Ouvrez encore la *Cocarde :* son ami et collaborateur
Mermeix (*l'Enfant de chœur* de la dépêche de
M. Boulanger à M. Dillon) lui télégraphie de Gre-
noble : « Quelqu'un s'est permis d'écrire : *Vu :*
« *Boulanger,* au bas de NOS affiches. » Vous avez
bien lu : NOS AFFICHES ; donc l'affiche existe
et l'affiche est bien l'affiche de la *Cocarde,* du comité
Thiébaud, du comité d'action.

Maintenant, ce *quelqu'un,* quel est-il ? Les amis
dauphinois de M. Boulanger rédigent l'affiche, ils la
portent à l'imprimeur, l'imprimeur leur fait observer
que la mention : « Vu : le général Boulanger, » a
l'avantage de dispenser du timbre. Que pensez-vous
qu'aient répondu aussitôt les amis dauphinois ? Vous
entendez d'ici : « Nos caisses regorgent de l'or des
souscriptions publiques ; M. Boulanger est assez
riche pour payer sa gloire : pas de mention, le
timbre ! » Cette version est l'évidence même, ne
saurait faire doute pour personne. Alors, la nuit, un
vil opportuniste ou peut-être un agent secret de
M. Floquet s'est glissé dans la boutique et, clandes-
tinement, a signé le manuscrit de la proclamation.
Délit pendable ! supercherie infâme ! Mais de quoi
les républicains ne sont-ils pas capables ?

Enfin M. Boulanger atteste le ciel qu'il est décidé
à poursuivre les ennemis ténébreux qui lui ont joué
ce tour scélérat de signer son affiche pour éviter à
sa Société les frais de timbre. Oh ! sans doute, cette

action est très noire ! Mais, entre nous, poser, malgré M. Boulanger, la candidature de M. Boulanger,
n'est-ce pas un délit plus noir que de signer, malgré M. Boulanger, l'affiche avouée par la *Cocarde?*
Alors, si M. Boulanger brûle de poursuivre les personnes qui abusent de son nom respecté, que ne
poursuit-il l'*Enfant de chœur?*

M. Boulanger ne poursuivra personne, M. Boulanger ne désavouera personne, M. Boulanger a
la noble ambition d'ajouter aux voix bonapartistes
qu'il a déjà recueillies quelques milliers de voix
dauphinoises : — dans sa fièvre d'addition, il se
faisait attribuer hier les voix qu'un honorable homo-
nyme, professeur de musique, avait obtenues dimanche, à Lille, aux élections municipales ; —
M. Boulanger ne peut ouvrir la bouche sans en
laisser tomber des perles... Voilà la vérité.

Et maintenant, ô général Avinain, hermine sans
tache, fleur d'innocence, émule de sœur Simplice
qui pensait ainsi : « Mentir, c'est l'absolu du mal ;
« peu mentir n'est pas possible ; celui qui ment,
« ment tout le mensonge ; mentir, c'est la face
« même du démon ; Satan a deux noms ; il s'appelle
« Satan et il s'appelle Mensonge! » allez, ô prétendant, et continuez à recueillir dans les Flandres,
que vous honorez de votre visite, avec les acclamations de tous les bonapartistes, les huées de tous
les républicains !

DANS L'ISÈRE

17 mai.

M. Boulanger est battu à plate couture dans l'Isère, département républicain. Comme l'autre, le premier étrangleur de la République, il avait voulu, lui aussi, avoir son retour de Grenoble : il l'a, mais point tout à fait de la même façon. Entre les deux retours, il y a la même différence qu'entre Austerlitz et la gare de Lyon, qu'entre l'archichancelier Cambacérès et M. Vergoin. En vain, le comité Thiébaud a fait pleuvoir sur les vallées et les montagnes de l'Isère une pluie de cocardes ; en vain M. Déroulède a sonné de la trompette ; en vain tous les bonapartistes ont joué du gourdin et tous les sacristains du bénitier : le César de la morue est resté sur le carreau. La dépêche annonçant cette nouvelle victoire devait être le bouquet de la tournée dans le Nord : la dépêche annonce une veste ; ce n'est point tout à fait la même chose. On essaiera de se tirer d'affaire en jurant sur l'honneur qu'on n'était point candidat ; alors, ô mon César ! poursuivez en police correctionnelle M. Paul Déroulède et M. Mermeix ! Sans doute le charivari des bonapartistes hurleurs du Nord est doux à vos impériales oreilles ; pourtant je vous connais d'assez longue date pour être sûr qu'une élection dans l'Isère eût chatouillé plus délicieusement votre épiderme. Allons ! nous ne sommes pas encore guéris, pauvre peuple à peine émancipé que nous sommes, de cet accident tertiaire du césarisme ; mais il est bien certain aujourd'hui que nous en guérirons.

LES DEUX ROUTES

18 mai.

Etait-ce au café Riche? était-ce au Rat-Mort ou à l'Alcazar? Ce chevalier de la morue a soupé et péroré depuis quelque temps dans tant de restaurants de nuit que les dates se brouillent dans les plus solides mémoires. Je ne sais plus quand, je ne sais plus où, mais nous savons tous que l'autre soir, étendu sur un canapé d'œillets rouges, une coupe de vin de Champagne à la main, comme il se portait un toast à lui-même, il livra au mépris public, dans un accès de belle éloquence soldatesque, « ces tas de feignants » que le grand-oncle, plus académique, appelait simplement les « idéologues » et que la Constitution appelle les représentants du peuple.

Cette grande parole fut répétée par tous les échos, et comme la Chambre s'est réunie peu de jours après, elle a résolu aussitôt, fouettée par l'injure, de faire mentir une fois de plus le député du Nord et de prouver le mouvement, à la manière du philosophe grec, en marchant.

Seulement, comme devant Hercule, deux routes s'ouvrent devant elle.

A l'entrée de l'une se tient M. Clémenceau, toujours frais, pimpant et guilleret comme le plus mignon des péchés capitaux, et M. Clémenceau parle ainsi : « Il faut réaliser les grandes réformes. Notre ami très cher, Charles Floquet, veut ajourner les questions de pure procédure politique. C'est par ces questions-là, au contraire, qu'il faut commencer. Sus au modérantisme que M. Ranc, qui fut le chef de la majorité ministérielle pendant toute la durée du cabinet Ferry, définit le ferrysme ! Le pays veut travailler en paix : donnons-lui la séparation de l'Église et de l'État, parce que cette réforme, évidemment, n'apportera aucun trouble dans les consciences, et la revision, parce que M. Boulanger l'a inscrite sur son affiche. » Ses jeunes lieutenants, naturellement, ont applaudi à tout rompre, et, pour ouvrir l'ère des réformes fécondes, ils ont, dès la première séance, lancé M. le comte de Douville-Maillefeu à l'assaut de M. Méline. C'était plein de tact, M. Méline n'ayant jamais été, comme on sait, le concurrent de M. Clémenceau au fauteuil; et c'était surtout très politique. Il y a des précédents, d'ailleurs. Quand la Droite de l'Assemblée nationale eut pris son parti de renverser M. Thiers de la présidence de la République, elle ouvrit le feu en culbutant M. Jules Grévy de la présidence de l'Assemblée. Le Douville d'alors s'appelait Gramont et, grâce à une somnolence de M. Grévy, le coup réussit. M. Méline ne dormait pas l'autre jour et le coup a raté.

A l'entrée de l'autre route se tient précisément M. Jules Méline, sans doute moins rayonnant de jeunesse que le directeur de la *Justice*, mais plus grave et — peut-être — plus sérieux. M. Méline, lui aussi, réunit des conciliabules; seulement, les questions de personnes restent à la porte du Palais-Bourbon et le président de la Chambre tient aux représentants des trois groupes républicains le langage que voici : « Arrêtons un programme de travail; la Chambre peut bien, pendant cette dernière année de la législature, consacrer jusqu'à trois séances par semaine aux questions pratiques, aux réformes utiles. Il y a d'abord les questions intéressant les ouvriers de l'agriculture et de l'industrie; il y a ensuite la revision du Code de procédure, la revision du Code rural, la législation des faillites, l'instruction criminelle, toutes lois dont les rapports sont prêts. Abordons résolument ces améliorations qui sont réclamées depuis de longues années; résolvons hardiment ces problèmes que la démocratie républicaine a posés à tant de reprises. Et alors, au-dessus de la misérable politique des coteries et des groupes, nous pourrons trouver là le plus fécond des terrains d'accord. Quant aux interpella-

tions, charivaris et autres tic-tac-torche-lorgne,
réservons-leur le jour approprié du sabbat. »

Hercule, placé au carrefour des deux voies, sui-
vit la vertu qui lui semblait plus belle, et c'est ainsi
qu'il triompha de l'hydre de Lerne (Nord), qu'il
extermina les grues du lac Stymphale (Dordogne)
et qu'il nettoya les écuries d'Augias des boulange-
ries qui s'y étaient accumulées. La Chambre suivra-
t-elle M. Clémenceau ?

COUP DE FORCE

20 mai.

M. Laguerre vient d'avoir une conversation avec un journaliste de Rouen. M. Laguerre prend décidé·ment la succession du regretté Francis Laur : quand l'ex-général passe vingt-quatre heures sans lâcher quelque énorme sottise, le député de Vaucluse se fait aussitôt *interviewer*.

Rien de plus édifiant que la série des aveux recueillis par le *Nouvelliste de Rouen* :

La Droite s'approprie le boniment de M. Boulanger : « Dissolution et revision » ; M. Laguerre en est ravi ; c'est un indice certain que le *grand parti national* est en bonne voie de formation : M. Boulanger ouvre les bras avec joie à MM. Jolibois, de La Rochefoucauld, Paul de Cassagnac, de Mackau et de Mun ; ses bras sont assez larges pour embrasser à la fois ces messieurs et MM. Vergoin, Laisant, Turquet, Mayer et Rochefort.

Le général sera-t-il candidat à Paris ? — Sans aucun doute, répond M. Laguerre ; à la prochaine occasion. Assurément, M. Boulanger a déclaré qu'il ne voulait être que le député du Nord. Mais sa parole n'enchaîne que lui. (A voir comment M. Boulanger s'est dégagé dans l'affaire des affiches de l'Isère, personne, d'ailleurs, n'est plus libre de liens que l'ex-prisonnier de Clermond-Ferrand.) Cette parole donc n'engage pas les amis du général ; ils poseront sa candidature à Paris, comme ils ont fait déjà dans la Dordogne, dans la Haute-Loire, dans l'Isère, dans l'Aisne... En avant, le plébiscite !

Si le Sénat repousse la revision, que ferez-vous ? — « *Je ne serais pas, à la rigueur,* » riposte M. Laguerre, « *ennemi d'un coup de force dirigé par les élus du suffrage universel contre les élus du suffrage restreint...* » Tout réactionnaire qu'il soit, le rédacteur du *Nouvelliste* n'en croit pas ses oreilles ; il insiste et M. Laguerre répète de sa petite voix flûtée : « Parfaitement, je comprendrais qu'une Chambre élue par le pays pour faire la revision brisât, PAR UN COUP DE FORCE, la résistance du Sénat ou celle du président. » Et M. Laguerre de pirouetter.

MM. Bonaparte, Morny, Maupas, Magnan et Saint-Arnaud — cinq hommes, cinq bandits — ont fait, il y a trente-sept ans, ce que M. Boulanger et ses amis se proposent de faire l'année prochaine ; mais ils se gardaient bien de crier par avance leurs intentions par-dessus les toits... MM. Bonaparte, Morny et Cie étaient des scélérats intelligents.

LA CONSTITUTION

24 mai.

Les partis politiques, dans notre pays, sont affligés, depuis quelque temps, d'une singulière maladie :

Ils s'empruntent les uns aux autres leurs programmes.

M. le comte de Paris a pris la Constitution de 1852 à M. Victor Bonaparte ; M. Boulanger a pris la dissolution à M. le comte de Paris ; M. Clémenceau prend la revision à M. Boulanger.

Il suffit aujourd'hui qu'une formule quelconque, à condition qu'elle soit sonore et bien dangereuse pour la République, ait été exploitée à grand orchestre, pendant quelques semaines, par le premier charlatan ou le premier prétendant venu, pour que les partis les plus divers se jettent dessus et s'en réclament.

Il y a un an, M. Victor Bonaparte était seul à proposer la revision : aujourd'hui M. le comte de

Paris et M. Joffrin, M. Boulanger et M. Clémenceau, M. Maurice Richard et M. de Mun, tout le monde a arboré le drapeau de la revision.

A côté du drapeau commun, il y a sans doute, dans tous les camps, un guidon de couleur différente avec des inscriptions qui varient : empire ou royauté, anarchie ou monarchie, réaction ou radicalisme... En bon français : la maison n'est pas au coin du quai.

M. Clémenceau, M. le comte de Paris, M. Joffrin, repoussent M. Boulanger ; M. Ranc, M. Victor Bonaparte, M. Boulanger, ne veulent pas entendre parler du comte de Paris ; M. Bonaparte, M. le comte de Paris et M. Boulanger excommunient M. Clémenceau... Mais tout le monde crie en chœur, sur le même air, bien en mesure : « Revision ! Revision ! »

Assurément, dans la réunion qui a été tenue hier soir au Grand-Orient, il a été prononcé d'éloquents réquisitoires contre le césarisme et la réaction royaliste. Mais, ces belles paroles une fois lancées dans le vide, qu'a-t-on fait ? M. Clémenceau a conclu à la revision, — comme M. Boulanger ; M. Ranc a conclu à la revision, — comme M. le comte de Paris ; M. Joffrin a conclu à la revision, — comme M. Victor Bonaparte.

C'est au cri de : « Vive la revision ! » que M. Bonaparte fils, M. Boulanger et M. Philippe d'Orléans montent à l'assaut de la République. C'est au même cri de : « Vive la revision! » que la nouvelle Société des Droits de l'homme et du citoyen prétend défendre la République. Nous avons lu pas mal d'histoires militaires : voilà bien la première fois que deux armées aux prises poussent le même cri.

Nous comprenons M. Bonaparte, M. Boulanger et même M. Philippe d'Orléans : ils font leur métier d'ennemis déclarés de la République.

Nous ne comprenons ni M. Clémenceau, ni M. Ranc, ni même M. Joffrin ; et l'histoire ne les comprendra pas davantage.

Leurs intentions sont pures, ils croient sincèrement que le boulangisme ne peut être combattu que par ses propres armes, aujourd'hui par la revision, — demain, à la première crise ministérielle, par la dissolution ; ils sont profondément dévoués à la République : c'est entendu, qui en doute?

Mais pour combattre la dictature et la réaction, ils commencent par mettre sur la sellette la Constitution républicaine, par crier : « Sus au Sénat! » — car la revision est un non-sens ou elle n'a pas d'autre sens, — et par couper en deux l'armée républicaine.

C'est un beau titre que celui de Société des Droits de l'homme et du citoyen. Mais cette besogne est-elle celle d'hommes et de citoyens clairvoyants?

Pour nous, notre parti est pris :

Contre les ennemis déclarés de la République et contre ses défenseurs imprudents, nous resterons résolument sur le terrain de la Constitution républicaine, de la Constitution qui nous a donné, depuis qu'elle existe, la paix à l'extérieur, la liberté, le progrès continu, l'ordre à l'intérieur.

Libre à MM. Boulanger, Philippe d'Orléans, Joffrin, Bonaparte et Clémenceau de s'emprunter les uns aux autres leur politique;

Nous gardons, nous, *notre politique*, la politique des Thiers et des Gambetta, la politique qui a reconstruit la fortune de la France sur les ruines sanglantes de l'Empire et de la Commune, la politique qui a fait la République.

Nous avons pour nous l'immense majorité du pays saturé de la viande creuse des formules, la grande majorité des républicains, le Sénat républicain, le président de la République.

Nous avons pour nous le bon sens, la raison; nous ne capitulerons pas.

On eût pu faire, hier soir (1), l'alliance de tous les républicains contre la dictature et contre la réaction.

On a préféré faire l'alliance de tous les intransigeants sous le vocable même de la dictature et de la réaction, pour combattre qui?... Oh! sans doute, la réaction et la dictature!... Mais, aussi, les républicains qui, depuis vingt années, ont été au premier rang de la bataille contre la réaction et qui,

(1) A la fondation de la *Société des Droits de l'homme*, rue Cadet.

les premiers encore, ont arraché le masque à la dictature renaissante.

La lutte devient tous les jours plus difficile, plus
rude, plus ingrate. Ce n'est pas une raison de fai-
blir. Nous ne faiblirons pas.

25 mai.

« Revision! revision! » On n'entend plus que cette
douce musique. « Revision! » dit M. Victor Bonaparte; « Revision! » répond M. le comte de Paris.
« Revision! » crie une grosse voix qui vient de
l'Alcazar de Lille; « Revision! » répond une voix
perçante qui vient du Temple de la rue Cadet. « Revision! » soupire M. de Mun; « Revision! » répond
l'écho Ranc. C'est une épidémie et c'est en même
temps une panacée. « Le phylloxera ravage les
vignes. — Revisez la Constitution! — La Banque
de France ne rembourse pas les faux billets de cinq
cents francs.—Revisez la Constitution! — Les ouvriers voudraient bien qu'on leur permît de travailler en paix. — Revisez la Constitution! — Nous
avons la fièvre. — Revisez la Constitution! — Les
femmes sont infidèles. — Revisez la Constitution! »
C'est bien, c'est entendu : nous reviserons la Constitution. Seulement, comme il ne s'agit évidemment
pas de tromper le peuple français une fois de plus,
comme la revision ne saurait être une simple cocarde, quelque chose comme un œillet multicolore

que tous les partis peuvent également porter à la boutonnière, nous prenons la liberté grande de demander respectueusement à MM. Clémenceau, Ranc et Joffrin comment ils ententendent reviser, sur lequel des huit articles de la Constitution du 25 février 1875 ils méditent de faire porter la revision solennellement promise à la démocratie.

Comme le texte de la Constitution républicaine pourrait être ignoré de quelques revisionnistes distingués, nous le reproduisons un peu plus loin.

En attendant la réponse nette, précise, catégorique de MM. Clémenceau, Joffrin et Ranc, — réponse qui ne saurait assurément tarder, vu l'impatience légitime des populations, — nous nous contenterons d'appeler l'attention de la Société antiboulangiste et revisionniste de la rue Cadet sur la conversation que M. Charles Chincholle, rédacteur du *Figaro* et *interviewer* ordinaire de M. Boulanger, a eue mercredi soir avec le César de l'hôtel du Louvre :

« Nous ne pouvions, raconte cet historiographe, prendre congé de M. le général Boulanger sans lui parler de la réunion clémenciste.

A cet égard encore, nous l'avons trouvé très tranquille.

— *Je ne m'attendais guère*, nous a-t-il dit en souriant, *à ce que M. Clémenceau fit mon jeu. Je l'en remercie.* »

M. Boulanger remerciant M. Clémenceau de « faire

son jeu », voilà, jusqu'à nouvel ordre, — jusqu'à la réponse que nous sollicitons de MM. Ranc, Clémenceau et Joffrin, — la seule moralité un peu certaine de la comédie revisionniste.

COMPLICITÉ INCONSCIENTE

29 mai.

L'*Intransigeant* n'a publié ni la lettre de M. Boulanger à M. Leandri, ni la lettre de M. Hyacinthe à M. Boulanger, ni la déclaration de M. de Maupas, ni l'*interview* de M. Ollivier.

La *Justice*, de même, s'obstine à ignorer cette réponse de M. Boulanger à M. Chincholle l'interrogeant sur le comité de la rue Cadet : « Je ne m'attendais guère à ce que M. Clémenceau fît mon jeu ; je l'en remercie. »

C'est qu'en effet — pour la première fois peut-être, mais l'impartialité nous fait un devoir de le constater — M. Boulanger a dit la vérité :

Oui, M. Clémenceau, promoteur et président de la Ligue revisionniste, fait le jeu de M. Boulanger.

Quand il employait toutes les ressources de son talent à discréditer le régime parlementaire par le jeu continu des crises ministérielles et à détruire par la violence systématique d'attaques injustes et d'indignes calomnies la popularité des hommes d'État républicains, que faisait M. Clémenceau ? — Le jeu de M. Boulanger.

Quand il imposait l'ancien lieutenant du duc d'Aumale au ministère de la guerre, quand il couvrait de ses certificats de civisme le ministre turbulent dont les républicains, ceux-là mêmes qui ont été exclus du sanhédrin de la rue Cadet, dénonçaient les premières velléités dictatoriales, quand il refusait de s'associer aux républicains qui réclamaient le remplacement de ce politicien à la tête de l'armée, quand il poursuivait avec un acharnement sans exemple le ministre républicain qui avait affirmé la suprématie du pouvoir civil, que faisait M. Clémenceau ? — Le jeu de M. Boulanger.

Quelques mois plus tard, quand il précipitait du pouvoir un autre républicain, le ministre patriote qui venait d'exclure de l'armée l'officier factieux, quand il contresignait la moitié de la formule révolutionnaire qui est toute la politique ostensible de ce soldat en révolte, que faisait M. Clémenceau ? — Le jeu de M. Boulanger.

Et M. Clémenceau continue, complice inconscient de M. Boulanger...

• (Un ami commun reprochait un jour à M. Royer-Collard d'avoir appelé M. Guizot un « austère intrigant ».

— Ai-je dit « austère » ? demanda M. Royer-Collard.

Je tiens à préciser ; j'ai bien dit : complice *inconscient*.)

Fonder, avec l'intention très sincère, sans aucun doute, de combattre le césarisme, une Ligue revisionniste, la fonder à l'heure où M. Boulanger se présente au pays troublé comme le général Revision, la fonder en rejetant les républicains les plus solides comme suspects de tiédeur et en se jetant dans les bras de tous les anciens revenants de la Commune, c'est encore, c'est toujours faire le jeu de M. Boulanger.

Faire un crime à M. Boulanger non seulement d'avoir levé contre la République le drapeau de la rébellion, mais encore d'avoir fait son devoir, en d'autre temps, contre l'insurrection du 18 Mars, et d'avoir, à sa place et à son rang, contribué à la victoire de la légalité contre la Commune, c'est encore, c'est toujours faire le jeu de M. Boulanger.

Ah ! je sais : si l'on signe des traités d'alliance avec les plus audacieux des révolutionnaires, si l'on se présente devant le pays la main dans la main de M. Allemane, de M. Joffrin, de M. Lissagaray, de M. Brousse, de M. Fournière, c'est que l'on a la noble et très désintéressée ambition de grouper en un faisceau, contre l'intransigeance boulangiste, toutes les forces de l'intransigeance républicaine de Paris.

Eh bien, ce qu'on fait en concluant de pareils pactes, le voici :

On comble de joie la *Lanterne*, on permet au principal moniteur boulangiste de se réclamer hautement du drapeau tricolore contre le drapeau rouge et l'on s'apprête à rejeter vers le Césarion que l'on prétend combattre des milliers et des milliers de citoyens qui, sans doute, détestent la dictature, mais ont encore plus peur de la Commune.

Pour reprendre à M. Boulanger, qui d'ailleurs ne s'en était pas emparé, un ou deux quartiers de Montmartre, on travaille à lui livrer la moitié de la France conservatrice, bourgeoise, industrielle, commerciale et agricole.

C'est l'histoire de Brumaire et de Décembre qui recommence dans toute son imbécillité.

Le premier Bonaparte avait commencé par être le serviteur, l'ami des pires révolutionnaires, des Rochefort et des Vergoin de 93 : quand, avec leur aide, il eut bien effrayé tous les intérêts, un beau matin, il se présenta au pays affolé pour rassurer ses intérêts effarouchés. Et il les rassura pendant quinze années, — jusqu'à Waterloo.

Le second Bonaparte avait commencé par être l'allié, le complaisant des plus dangereux démagogues, des Laguerre et des Naquet de 48; quand, avec leur concours, il eut bien épouvanté tous les intérêts, une belle nuit, il s'offrit au pays apeuré pour rassurer ses intérêts alarmés. Et il les rassura pendant dix-huit années, — jusqu'à Sedan.

Le troisième Bonaparte fait de même, et M. Clémenceau continue à être son complice.

Pour nous autres républicains de foi profonde et ancienne, le 18 Mars et le 2 Décembre sont deux crimes qui se valent, l'Empire et la Commune deux périodes de honte qui méritent notre haine au même degré.

Mais pour la grand masse du corps électoral, pour tous ces bataillons innombrables de bourgeois paisibles, de petits rentiers, de paysans que M. Clémenceau, perdu dans la contemplation de quelques douzaines de groupes socialistes, ignore ou ne veut pas voir, il n'en est pas de même.

Mettez-les en demeure de choisir entre la Commune et l'Empire, permettez seulement à d'insolents aventuriers de dire et de répéter que le pays n'aura plus à choisir demain qu'entre la Commune et l'Empire, — et vous verrez, au jour du scrutin, si le pays ira aux revenants de la Commune !

Or, c'est cette besogne que vous faites, besogne insensée et folle !

Vous répondrez que M. de Rochefort, premier lieutenant ou première dupe de M. Boulanger, a fait, tout comme un autre, déposer sa couronne rouge au Mur des fédérés.

Hé ! sans doute, M. Boulanger a un sourire pour tous les partis, une promesse pour toutes les factions; il tient à la fois, dans ses larges bras, M. Maurice

Richard, le général Eudes, M. de Maupas et le père Hyacinthe.

Mais le pays, lui, dans son grand ensemble, ne verra qu'une chose, c'est que pour vos alliés — et vos maîtres — de la rue Cadet, le cri de : « Vive la Commune ! » et le cri de : « A bas Boulanger ! » ne sont qu'un seul et même cri.

Les injustes paroles que le premier ministre de la monarchie hongroise a prononcées samedi à Pesth soulèvent en Europe, dans tous les esprits équitables, un mouvement unanime de réprobation.

Aussitôt, le lendemain même, vos associés du Grand-Orient promènent des drapeaux rouges au cimetière du Père-Lachaise, tirent des coups de revolver, glorifient les crimes de la Commune et saluent l'aurore du jour où le programme « intégral » sera une bienfaisante réalité.

Et vous vous étonnerez demain, quand la fraction du pays qui n'est point comprise entre la rue des Rosiers et la rue Haxo réclamera un sauveur providentiel, et quand, de l'autre côté des frontières, les hommes d'Etat ou les peuples qui ne nous aiment pas joueront la comédie de la peur !

Ah ! certes oui, M. Boulanger a raison de remercier M. Clémenceau : il fait son jeu, il le fait bien.

AU PILORI

5 juin.

Hier, à la Chambre des députés, nous avons assisté tour à tour au plus répugnant et au plus réconfortant des spectacles.

Pendant la première moitié de la séance, à cette tribune où avaient retenti les grandes voix du général Foy et de Casimir-Perier, de Lamartine et de Ledru, de Gambetta et de Jules Favre, ont défilé tour à tour les spectres de tout ce que notre histoire a vu de plus hideux et de plus scélérat : la dictature, la Commune et l'Empire.

Nous avons vu M. Boulanger, la figure épanouie par un rire de pître qui fait l'article devant sa baraque, déposer le long de la tribune le fastidieux et grotesque résumé des plus basses doctrines dictatoriales. Bouffi de sottise et de contentement de soi-même, souriant de tous les outrages prémédités qu'il lançait à froid contre la représentation nationale, la liberté, le chef de l'Etat, le parti républi-

cain tout entier, M. Boulanger a développé dans
un mémoire dont il est bien, cette fois, l'auteur, la
théorie du pouvoir personnel le plus abject. Les
Cafres du Soudan, les nègres du Dahomey, les in-
digènes poilus de la Nouvelle-Zélande seraient des
hommes libres en comparaison du peuple français,
si jamais le rêve de M. Boulanger pouvait, dans une
heure de folie ou de dégoût, devenir une réalité.

Nous avons vu ensuite M. Félix Pyat, les mains
rouges encore du sang des otages et des républicains les plus purs, célébrer à cette même tribune
les hontes de l'insurrection qui, devant l'armée alle-
mande encore campée à Saint-Denis, massacrait les
généraux français, jetait à bas la colonne et portait
la torche de l'incendie dans les monuments sécu-
laires de la capitale.

Et nous avons entendu enfin M. Jolibois, à cette
heure triste et douloureuse entre toutes où l'entrée
même des provinces perdues par le crime de l'Empire est interdite aux frères de ces Français sacrifiés,
nous avons entendu M. Jolibois glorifier le régime
de Décembre et de Sedan.

Quand nous avons eu bu jusqu'à la lie ces calices
de boue et de sang, M. Floquet, M. Clémenceau et
M. Basly ont vengé, en quelques paroles que la
majorité républicaine a saluées d'acclamations répétées, la conscience publique mise à la torture.

Éclairé par les événements qui se sont succédé
depuis un an, révolté dans son cœur de vieux répu-

blicain par l'impudence des menaces qui venaient
de se faire entendre, tout vibrant de colère devant
le cynisme de tant de résurrections abominables,
M. le président du conseil a cloué au pilori le soldat
factieux, le prétendant insolent que Ferry a marqué le premier du fer rouge, devinant, dénonçant,
stigmatisant le Saint-Arnaud de café-concert qui
s'est épanoui, depuis un an, dans toute sa beauté,
— que Rouvier, le premier, méprisant la coalition
des plus folles clameurs, a frappé, au nom de la
suprématie du pouvoir civil.

Contre la glorification éhontée du pouvoir personnel, parlant au nom de l'Extrême-Gauche, mais
se faisant, pour une fois, l'interprète éloquent de
toute la majorité, M. Clémenceau a relevé alors le
drapeau du régime représentatif, le drapeau de
la liberté, vengeant, en quelques paroles vibrantes,
le parti républicain des plus indignes outrages, faisant honte au parti royaliste de la servilité piteuse
avec laquelle les héritiers des Martignac, des Villèle
et des Guizot, s'avilissant à plaisir, se mettent à la
remorque du dernier des reîtres, s'accrochent aux
basques de la redingote de l'ancien laquais du duc
d'Aumale.

Enfin, au nom de ces classes laborieuses dont cet
aventurier grimaçant cherche à exploiter sans ver-
gogne les souffrances et les misères, M. Basly est
venu demander à M. Boulanger où il était la semaine dernière, lui, l'homme de toutes les revendi-

cations sociales et humanitaires, pendant que la Chambre discutait les lois destinées à protéger la sécurité et la vie même des ouvriers. Où étiez-vous, général, puisque vous n'étiez pas à ce banc de représentant du peuple où vous avaient envoyé les suffrages pipés, les voix surprises des mineurs d'Anzin ?

Au vote, par 359 voix contre 181, dont toute la Droite, l'urgence sur la motion de M. Boulanger a été repoussée.

Dirai-je combien eût été plus forte, plus solide, la situation du gouvernement si, au lieu d'opposer son veto à la revision de M. Boulanger, il avait proclamé très haut, comme c'eût été son devoir de républicain clairvoyant et prudent, que dans l'état actuel de la France, dans l'état actuel de l'Europe, la revision, toute revision, était la plus dangereuse des aventures ?

Non, je ne veux constater aujourd'hui que la hauteur du pilori où le parti républicain tout entier a cloué M. Boulanger...

LA CONJURATION DE CATILINA

Il m'arrive parfois, surtout — mes confrères voudront bien m'excuser — quand j'ai lu beaucoup de journaux, d'éprouver le besoin de relire quelque chef-d'œuvre classique. Je trouve que cela repose et fortifie. Hier, j'ai relu la *Conjuration de Catilina*. Quel livre admirable! quelle langue! quel récit! quelle merveilleuse série de tableaux!

« Au sein d'une ville si grande et si corrompue, — la ville de Rome, — Catilina vit se grouper autour de lui, et rien n'était plus naturel, tous les vices et tous les crimes : c'était là son cortège. Le libertin, l'adultère qui, par l'ivrognerie, le jeu, la table, la débauche, avait dissipé son patrimoine; tout homme qui s'était abîmé de dettes pour se racheter d'une bassesse ou d'un crime; tous ceux que tourmentaient l'infamie, la misère ou le remords, c'étaient là les compagnons, les familiers de Catilina. » Bientôt, ayant dressé et formé cette bande,

« comptant sur de tels amis, sur de tels associés,
alors que partout l'empire les citoyens étaient écrasés
de dettes, Catilina forma le projet d'asservir la République. D'armée, point en Italie; Le Sénat sans
défiance; partout, une tranquillité, une sécurité
entières... »

Catilina réunit en assemblée « tous ceux qui
étaient les plus obérés et les plus audacieux ». Salluste donne leurs noms : « Lentulus Sura, Autronius,
Cethegus... » Mais l'entreprise comptait encore
d'autres complices, un peu plus secrets, nobles personnages dirigés par l'espoir de dominer, plutôt
que par l'indigence ou par quelque autre nécessité
de position. Quelques-uns même ont cru dans le
temps que Crassus n'avait point ignoré le complot;
il se flattait d'ailleurs, si la conspiration réussissait,
de devenir facilement le chef du parti.

Premier discours de Catilina à ses complices.
Après avoir célébré le courage et le dévouement de
ses amis, Catilina, dans un véhément réquisitoire,
fait le procès du Sénat; il l'accuse de tous les crimes,
atteste les dieux et les hommes que cette assemblée
trahit et discrédite la République. « Et nous, cependant, tous tant que nous sommes, pleins de courage,
de vertu, nobles ou roturiers, nous sommes une vile
populace, sans crédit, sans influence, à la merci de
ceux que nous ferions trembler si la République
était ce qu'elle doit être... Que ne sortez-vous donc
de votre léthargie? » Il suffit que Catilina soit

consul. « La voilà, la voilà, cette liberté que vous
avez si souvent désirée : avec elle les richesses, la
considération, le plaisir sont devant vos yeux, toutes
récompenses que la fortune réserve aux vain-
queurs ! Tels sont les projets que, consul, Catilina
accomplira.

« Après avoir entendu ce discours, ces hommes
qui, avec tous maux en abondance, n'avaient ni
bien, ni espérance aucune, *et pour qui c'était déjà
un grand avantage de troubler la paix publique*, ne
se mettent pas moins à demander à Catilina quelles
seraient les chances de la guerre. Alors Catilina
leur promet l'abolition des dettes, les magistratures,
les sacerdoces... »

La conjuration, ainsi formée, s'étend, se déve-
loppe, se ramifie à travers toute l'Italie. Catilina
envoie C. Mallius à Fésules et dans le Picénum un
certain Septimius de Comerte; lui-même, à Rome,
jour et nuit infatigable, mène de front toutes les
intrigues. Un seul homme le gêne, le consul Cicéron, qui, le premier, a ouvert les yeux et qui a
averti le Sénat. « Cet homme était le plus grand
obstacle à ses desseins. » Déjà l'aspect de Rome
n'est plus reconnaissable : « On court, on s'agite;
plus d'asile, plus d'homme auquel on ose se confier :
sans avoir la guerre, on n'a plus la paix. »

Cicéron réunit le Sénat et prononce la première
catilinaire, « discours lumineux et qui fut utile à la
République ». Alors, dès que Cicéron se fut assis,

« Catilina, *fidèle à son rôle de dissimulation,* les
yeux baissés, d'une voix suppliante, conjure les
sénateurs de ne rien croire légèrement sur son
compte. Mais les sénateurs l'interrompent par
leurs murmures, le traitent d'ennemi public et de
parricide. » En vain Catilina proteste : Cicéron
a convaincu le Sénat qui voit, qui croit, qui sait
enfin; Catilina quitte la curie et, la nuit même,
« presque sans suite », part pour le camp où Caïus
Mallius a réuni, depuis plusieurs semaines, l'armée
de la rébellion. C'est de là qu'il écrit à son ami
Q. Catulus la lettre suivante :

« Le rare dévouement dont vous m'avez donné
des preuves, et qui m'est si précieux, me fait, dans
l'imminence de mes périls, avoir confiance à la recommandation que je vous adresse. Ce n'est donc
point l'apologie de ma nouvelle entreprise que je
veux vous présenter; c'est une explication que,
sans avoir la conscience d'aucun tort, j'entreprends
de vous donner. *Des injustices, des affronts m'ont
poussé à bout.* Voyant que, privé du fruit de mes
travaux et de mes services, je ne pouvais obtenir le
rang convenable à ma dignité, j'ai pris en main,
selon ma coutume, la cause commune des malheureux : non que je fusse en état d'acquitter avec mes
biens mes engagements personnels, mais des
hommes indignes étaient comblés d'honneurs sous
mes yeux, tandis que, par une injuste prévention, je
m'en voyais écarté. C'est par ce motif que j'ai

embrassé l'espoir de conserver ce qui me restait de dignité. »

Ici, le tableau de la popularité de Catilina, popularité telle que, depuis les Gracques, Rome n'avait rien vu de semblable, — « tant était grande la force d'un mal qui, comme une contagion, avait infecté l'âme de la plupart des citoyens. Dans tout l'empire, la populace, avide de ce qui est nouveau, approuvait l'entreprise de Catilina, et en cela elle suivait son penchant habituel; car, toujours, dans un Etat, ceux qui n'ont rien portent envie aux honnêtes gens, exaltent les méchants, détestent les vieilles institutions, en désirent de nouvelles, et, en haine de leur position personnelle, veulent tout bouleverser... Ceux-là et tous les autres subsistaient du malheur public. Aussi ne doit-on pas s'étonner que de tels hommes, indigents, sans mœurs, pleins de magnifiques espérances, vissent le bien de l'État là où ils croyaient trouver le leur... Si, d'un premier combat, Catilina fût sorti vainqueur, ou si, du moins, le sort en eût été douteux, il est certain que les plus grands désastres eussent accablé la République. »

Les dangers croissants, cependant, loin d'abattre le courage de Cicéron, ne faisaient que l'exalter. « L'estimable consul » prend les devants, il tranche dans le vif : Catilina est déclaré ennemi de la République et ses complices, Lentulus, Céthégus, Gabinius, Céprarius de Terracine, sont arrêtés comme

criminels d'Etat. Naturellement, cet acte de décision
et de vigueur retourne l'opinion. « Le peuple, qui
d'abord, par amour de la nouveauté, n'avait été
que trop porté pour cette guerre, change de sentiment, maudit l'entreprise de Catilina, élève
Cicéron jusqu'aux nues. » Le Sénat, alors, déclare
les détenus « traîtres à la patrie » et commence leur
procès. César propose de confisquer leurs biens et
de les retenir à perpétuité dans les prisons des mu-
nicipes ; Caton propose la mort :

« Plusieurs des préopinants, dit-il, se sont beaucoup étendus, ce me semble, sur la punition due à
des hommes qui ont préparé la guerre à leur patrie,
à leurs parents, à leurs autels, à leurs foyers. Or la
chose même nous dit qu'il faut plutôt songer à nous
prémunir contre les conjurés qu'à statuer sur leur
supplice. Car les autres crimes, on ne les poursuit
que quand ils ont été commis ; mais celui-ci, si vous
ne le prévenez, vous voudrez en vain, après son
accomplissement, recourir à la vindicte des justes
lois. Il ne s'agit aujourd'hui ni des revenus de l'Etat
ni d'outrages faits à nos alliés : c'est votre liberté,
c'est votre existence qui sont mises en péril.

« Souvent, sénateurs, ma voix s'est élevée dans
cette assemblée ; souvent le luxe et l'avarice de nos
citoyens y furent le sujet de mes plaintes, et, pour
ce motif, je me suis fait beaucoup d'ennemis. Mais,
bien que vous tinssiez peu de compte de mes représentations, la République n'en était pas moins

forte ; sa prospérité compensait votre insouciance. Aujourd'hui, il ne s'agit plus de savoir si nous aurons de bonnes ou de mauvaises mœurs, si l'empire romain aura plus ou moins d'éclat ou d'étendue, mais si toutes ces choses, quelles qu'elles puissent être, nous resteront ou tomberont avec nous au pouvoir de nos ennemis.

« Et l'on viendra ici me parler de douceur et de clémence ! Il y a déjà longtemps que nous ne savons plus appeler les choses par leur nom : pour nous, en effet, prodiguer le bien d'autrui s'appelle largesse; l'audace du crime, c'est courage ; voilà pourquoi la République est au bord de l'abîme. Que l'on soit (j'y consens, puisque ce sont là nos mœurs) généreux des richesses de nos alliés, compatissant pour les voleurs publics ; mais que, du moins, on ne se montre pas prodigue de notre sang, et que, pour sauver quelques scélérats, tous les bons citoyens ne soient pas sacrifiés...

« Des citoyens de la plus haute noblesse ont résolu l'embrasement de la patrie ; le chef des révoltés, avec son armée, tient le glaive sur vos têtes. Et vous temporisez encore ! Prenez en pitié, je vous le conseille, de jeunes hommes que l'ambition a égarés : faites mieux : laissez-les partir tout armés. Je le veux bien pourvu que toute cette mansuétude et cette pitié, une fois qu'ils auront pris les armes, ne tournent pas en malheur pour vous.

« Sans doute, le danger est terrible, mais vous

ne le craignez pas. Qu'ai-je dit ? il vous épouvante; mais, dans votre indolence, dans votre pusillanimité, vous vous attendez les uns les autres; vous différez, vous fiant sans doute sur ces dieux immortels à qui, dans les plus grands périls, notre République a plus d'une fois dû son salut. Ce n'est cependant ni par des vœux ni par de lâches supplications que s'obtient l'assistance des dieux. La vigilance, l'activité, la sagesse des conseils, voilà ce qui garantit le succès. Dès qu'on s'abandonne à l'indolence et à la lâcheté, en vain implore-t-on les dieux; ils sont courroucés et contraires. »

Le Sénat est convaincu : Caton est proclamé grand et illustre, le décret du Sénat est rédigé conformément à sa proposition, et, quelques jours plus tard, Petreius taille en pièces l'armée rebelle sous les murs de Pistoie. « Catilina se précipite dans les rangs les plus épais de l'ennemi et succombe en combattant. »

Tel est le récit de Salluste, qui n'était cependant des amis ni de Cicéron ni de Caton.

LE MAJOR GÉNÉRAL

19 juin.

Le conseil supérieur de la guerre s'est occupé, dans sa dernière séance, de la question du major général de l'armée. Nos lecteurs connaissent l'importance de cette question. La permanence du chef d'état-major général est le corollaire nécessaire, indispensable, du ministère civil de la guerre : mon ami Ténot et moi, nous l'avons, je crois, surabondamment démontré. Quelles seront les attributions techniques du major général ? Nous avons pleine confiance que le conseil supérieur les déterminera avec une rigoureuse précision, pour le mieux des intérêts de l'armée. Quel sera le premier major général ? Les derniers choix que M. le ministre de la guerre a soumis à l'approbation de M. le Président de la République nous sont un sûr garant que M. de Freycinet, conscient des grands devoirs qu'il a assumés non sans courage et jusqu'à présent avec beaucoup de bonheur, continuera à se souvenir qu'il a été le collaborateur de Gambetta à Tours et à Bordeaux.

Dans une question aussi décisive pour l'avenir de l'armée, d'où peut dépendre, à une heure redoutable, l'existence même de la France, nous demandons à M. le ministre de la guerre, nous autres républicains et patriotes, de n'avoir qu'une préoccupation, qu'une pensée : l'intérêt suprême de la défense nationale. Il va de soi que les boulangistes lui demandent tout autre chose. A défaut de M. Boulanger qui a déclaré en propres termes à M. Chincholle, comme on sait, « qu'il n'a aucun goût à traîner le sabre en temps de paix », sans doute, ils ne proposent pas encore M. le général Eudes. Mais, dès que le nom de M. le général de Miribel a été prononcé, ç'a été, dans la presse césarienne, un débordement de basses injures et d'outrageantes menaces contre M. le ministre de la guerre. Les soldats glorieux qui ont versé leur sang sur vingt champs de bataille, les officiers d'élite qui, depuis vingt ans, travaillent, dans le silence de la discipline, à la reconstruction de notre armée, salueraient avec joie un tel chef. M. de Rochefort et M. Georges Laguerre, au nom de l'ex-général Boulanger, somment le ministre de la guerre de renoncer à sa patriotique pensée. M. de Freycinet a la noble ambition de s'honorer devant son pays et devant l'histoire en donnant à notre armée, pour major général en temps de paix, celui de tous ses chefs

qui paraît le mieux préparé par la variété de ses
aptitudes, par sa science profonde, par son désin-
téressement, par toute une vie de travail, à cette
haute fonction. Aussitôt la boulangerie enjoint à
M. de Freycinet de se déshonorer en baissant pavillon devant ses menaces et de sacrifier l'armée à la
politique, M. le général de Miribel au Pavia de la
démagogie césarienne.

Nous ne ferons pas à M. le ministre de la guerre
et à ses collègues du cabinet l'injure de supposer un
instant que les criailleries de M. de Rochefort, dans
l'*Intransigeant* et les vociférations de M. Georges
Laguerre dans la *Presse*, pèseront le poids d'un fétu
de paille dans leur délibération. Nous ne ferons pas
davantage l'honneur à M. Boulanger de supposer
que, par un reste de pudeur, il va imposer silence à
ses journaux. Si M. Boulanger était autre chose à
cette heure que le dernier des aventuriers, il se souviendrait de cette époque d'angoisse où la guerre
pour l'existence même de la patrie, au lendemain du
fameux discours de M. de Bismarck sur le septennat,
paraissait imminente, où la paix, comme on devait
le voir quelques mois plus tard, était à la merci d'un
accident de frontière. M. Boulanger, qui était alors
ministre de la guerre, eut à ce moment, et pour
quelques jours, le sentiment de sa responsabilité et
de ses devoirs envers la nation. Il avait désorganisé
le plan de mobilisation et de concentration qui était
l'œuvre de M. le général de Miribel : devant le dan-

ger menaçant, la conscience de M. Boulanger se ré-
veilla et il fit appel à M. le général de Miribel pour
rétablir le plan qui avait été détruit. — Que M. Boulanger ne cherche point à nier cet épisode de sa vie
ministérielle qui lui fait honneur : je suis de ceux à
qui lui-même a dit la chose, sur le moment, et qui
l'en ont félicité. — Devant l'appel pressant qui lui
était fait, M. le général de Miribel n'hésita point :
sans titre, sans désignation publique, sans fonction
officielle, il se mit à l'œuvre, il travailla jour et nuit,
pendant de longues semaines, à la tâche anonyme
et redoutable qui lui était assignée, et il eut le bonheur de restaurer à temps la grande machine qui
avait été détraquée dans une heure de caprice, de
frivolité et d'incurie.

Si M. Boulanger n'était point l'homme que nous
connaissons, il se souviendrait de ces choses et ses
journaux se tairaient. Mais je ne me paye point d'illusions : ses journaux ne se tairont point...

RÉPONSE A UN DÉMENTI

21 juin.

J'ai raconté avant-hier un incident de sa carrière
ministérielle qui faisait honneur à M. Boulanger. Le
député du Nord le dément comme s'il s'agissait des

lettres au duc d'Aumale, des dépêches à M. le comte Dillon ou de la conversation avec M. Avronsart.

Sans doute M. Boulanger reconnaît, et même avec empressement, que son premier soin, dès son arrivée au ministère de la guerre, a été de bouleverser l'admirable plan de mobilisation et de concentration qui était l'œuvre de M. le général de Miribel. Mais qu'à la suite du discours menaçant de M. de Bismarck, pendant les semaines d'angoisse où l'on se croyait tous les soirs à la veille de la lutte suprême qui déciderait de l'existence même de la France comme nation, la pensée patriotique ait pu venir au ministre de la guerre « de faire appeler le général de Miribel pour avoir recours à ses lumières au sujet de la mobilisation », — cela, M. Boulanger le nie avec énergie, avec indignation : « C'est faux, c'est archi-faux », dit-il au rédacteur du *Gaulois* qui l'interroge.

Si je pouvais me résigner à placer l'intérêt de parti au-dessus de la vérité, j'accepterais la version de M. Boulanger. Si elle était exacte, elle l'enterrerait sous la honte. *Heureusement* elle n'est pas exacte : M. le général Boulanger n'a pas été, aux mois de janvier et de février 1887, le ministre au cœur léger, le soldat coupable qu'il voudrait aujourd'hui avoir été.

Comme je l'ai dit, c'est M. le général Boulanger lui-même qui m'a raconté — je précise la date : le 20 janvier 1887 — comment il venait de faire appel,

en présence des éventualités redoutables qui mena-
çaient, au concours de M. le général de Miribel.

Sans doute, au cours de cette même conversation
comme je donnais au ministre de la guerre le conseil de désavouer l'article qui avait paru le matin
même dans l'*Intransigeant* et qui conviait 40,000
mitrons à marcher, à l'occasion, contre l'Elysée,
M. le général Boulanger me déclarait qu'il n'avait
point vu M. de Rochefort depuis trois mois — et
j'apprenais, une heure après, que M. Boulanger
avait dîné, la veille, avec MM. Clémenceau et
Georges Laguerre, chez M. de Rochefort. (M. Goblet, qui était alors président du conseil, n'a point
oublié l'anecdote.) Mais de ce que M. Boulanger ait,
ce jour-là, altéré la vérité au sujet d'un fait qui était
plutôt « gênant », je ne saurais conclure, même aujourd'hui, qu'il l'ait altérée à propos d'un autre incident qui était plutôt à son éloge.

M. Boulanger n'avait point à se vanter du dîner
chez M. de Rochefort : la place du ministre de la
guerre, surtout dans ce redoutable mois de janvier,
n'était peut-être pas à la table de l'écrivain qui avait
été, sous la Commune, le rédacteur en chef du *Mot
d'ordre*. Mais M. Boulanger pouvait être fier d'avoir
prouvé, au moins une fois, autrement que par de
vaines paroles, qu'il plaçait l'intérêt de la défense
nationale au-dessus de tout.

Mes souvenirs sont très fidèles; des renseignements précis, irrécusables, les corroborent : je

maintiens donc d'une façon formelle qu'au mois de janvier 1887 M. le général Boulanger a fait au patriotisme de M. le général de Miribel un appel qui a été entendu et qui reste aussi honorable pour le ministre de la guerre d'alors que pour l'ancien chef d'état-major général du ministère Gambetta.

L'ÉLECTION DE LA CHARENTE

19 juin.

Le premier tour de scrutin dans la Charente donne lieu à un ballottage.

Le candidat républicain a obtenu 23,989 voix; les bonapartistes se sont divisés : 20,656 boulangistes, répondant à l'appel des « vrais impérialistes » et de M. Lenglé, factotum ordinaire du prince Jérôme, ont voté pour M. Déroulède; 31,401 bonapartistes de nuance victorienne ont voté pour M. Gellibert des Séguins.

« Il faut un balai », disait l'autre jour M. Déroulède; « choisissez, entre M. Gellibert des Séguins et moi, celui qui est le meilleur ».

Les bonapartistes de la Charente ont pensé que le meilleur balai — pour balayer la République — n'était point le balai de M. Boulanger et de M. Jérôme Bonaparte.

En vain les promesses les plus séduisantes leur avaient été prodiguées.

Un œillet rouge, large comme un disque de chemin de fer à la boutonnière, la trique classique à la main, en vain M. Déroulède jurait que le règne de Georges-Ernest Boulanger serait celui de la paix sur la terre de France, par l'extermination des hérétiques opportunistes.

En vain, dans une lettre autographiée, M. Boulanger annonçait aux populations que, si elles votaient bien — « *pour Déroulède, c'est-à-dire pour moi* », — elles seraient récompensées : il viendrait aussitôt — le général Boulanger lui-même, comme le camarade Bergeret, — en personne, leur montrer sa face de pître, sa barbe blonde et sa cravate violette. En payant un petit supplément, on pourrait, comme dans la baraque de la femme colosse, pincer le mollet...

Les Charentais se sont bien amusés pendant les huit jours de cette fête foraine gratuite — et ils ont continué à voter comme par le passé, donnant la première place au bonapartiste du cru, la seconde au candidat républicain. Le candidat de M. Boulanger est arrivé bon dernier.

On s'était imaginé emporter la Charente d'assaut, comme une simple Dordogne; — on distribuait déjà la France électorale entre les petits Vergoin du comité, comme Napoléon avait partagé entre ses frères les couronnes de l'Europe; — où la

casaque de Mangin avait passé, on était certain que
passerait la houppelande de Vert-de-Gris; — on
caressait l'espoir charmant que la danse de saint-
guy, dont le suffrage universel avait subi le premier
accès dans l'Aisne, ne s'arrêterait jamais, qu'elle
emporterait dans un même tourbillon le Nord et le
Sud, l'Est et l'Ouest... A la même heure, tout ce
beau rêve s'est écroulé. A Angoulême, le disciple
favori est arrivé troisième au poteau; à Avignon,
le précurseur Laguerre, le même qui avait baptisé
le général au désert de Clermont, a été hué et
poursuivi, à coups de sifflets, à travers les rues et
jusqu'au pont...

J'entends bien; c'est la police, l'infâme police de
M. Floquet qui est venue, à Avignon, changer en
déroute l'entrée triomphale que le préfet de Vaucluse — qui est quelque chose comme le secrétaire
particulier de M. Laguerre — avait préparée à
l'aimable lieutenant du César de la morue...

J'entends bien encore : malgré M. Lenglé et
M. Thiébaud, malgré les assommades dans les rues,
malgré l'œillet rouge, malgré l'appel aux blouses
bleues, malgré l'édition revue des *Chants du soldat*
commençant par l'ode à l'Alsace-Lorraine plus heu-
reuse sous le règne de Frédéric III que ne le fut
jamais la Bourgogne elle-même sous le sceptre de
Marguerite, malgré M. Jérôme Bonaparte, malgré
les distributions de la *Lanterne*, malgré M. Laisant,
malgré M. de Susini, malgré M. P. Lambert de

Juac et de la Tourgarnier lui-même, si M. Déroulède est battu dans la Charente, c'est que M. Floquet a pipé les bulletins de vote et fait usage d'urnes
à double fond. Oui, j'entends tout cela, je lis
d'avance les commentaires de la *Lanterne*, de l'*Intransigeant* et de la *Presse* sur les manœuvres scélé-
rates de l' « opportuniste » Floquet.

Il y aura seulement à toutes ces magnifiques
calembredaines un tout petit malheur : c'est que le
pays n'en croira pas le premier mot, c'est que la
journée du 17 juin — à cette date, Napoléon n'avait
pas encore été battu à Waterloo — apparaîtra au
pays, qui est simpliste, comme le commencement
de la fin du boulangisme.

M. Déroulède eût été élu avant-hier dans la Charente que la République, pour cela, n'eût point été
perdue. Cette nouvelle abdication, cette nouvelle
aberration du suffrage universel eût élevé un peu
plus encore la hauteur de notre tâche et la mission
du gouvernement. La République est le fait, le
droit, la loi, la force armée : on ne culbute pas si
aisément ces choses-là.

Mais le boulangisme, c'est autre chose. Même
dans un pays qui s'appelle la France, cent ans
après la Révolution et moins de vingt ans après
Sedan, même avec un aussi grotesque et aussi
pitoyable héros que M. Boulanger, une aventure
comme celle-là peut réussir; mais à une condition,
une seule : c'est que l'affaire soit lestement enlevée.

La discrétion n'est point nécessaire ; la célérité est indispensable. Dès que cela traîne, dès qu'il y a arrêt, dès qu'un accroc se produit, c'est fini, c'est perdu, c'est la dégringolade, c'est la confiance qui s'évapore plus vite encore qu'elle n'est venue, c'est les porteurs qui envahissent les guichets pour réclamer leur monnaie, c'est la débâcle, c'est le *krach*...

Eh bien ! voici l'arrêt, voici l'accroc.

On fera, demain, dans la Charente, tout ce que l'on voudra : le boulangisme est et restera frappé au cœur.

Première hypothèse : M. Déroulède maintient sa candidature. C'est trois cents voix au second tour. C'est le ridicule, cette chose qui, à la longue, finit toujours par tuer, lentement, mais sûrement, comme la justice. C'est le jeu du candidat bonapartiste fait sans franchise, sans dignité, hypocritement, — pour tout dire : à la Boulanger.

Deuxième hypothèse : M. Déroulède se désiste en faveur de M. Gellibert des Seguins, à charge de revanche, prix honteux d'une place sur la liste bonapartiste aux élections générales. M. Gellibert était le candidat de M. Bonaparte fils, M. Déroulède le candidat de M. Bonaparte père. Le père et le fils se réconcilieront aux noces de la princesse Lætitia : les fidèles du père se concentrent tout de suite, avant la lettre de faire part, avec les amis du fils contre le candidat républicain. Lorsque tous les bonapartistes de la Charente se seront ainsi, ouvertement, publiquement, au nom du Père, du Fils et du Saint-Esprit, concentrés pendant quinze jours sur le candidat de M. Cunéo d'Ornano — où en seront les affaires de M. Boulanger ?

Les derniers masques seront tombés ; M. Boulanger ne sera plus, pour toute la France, que le lieutenant général de M. Jérôme Bonaparte sur le territoire de la République, — rien, moins que rien... De Dunkerque à Barcelonnette, l'on ne trouvera plus un seul républicain qui se souvienne d'avoir jamais, même entre deux vins, acclamé le brave général.

Et je suppose l'impossible... Dimanche soir, sur la foi d'une dépêche inexacte, M. de Rochefort croyait que M. Weiller était arrivé troisième, M. Déroulède deuxième et M. Gellibert premier ; et il écrivait, pressé :

Le ballottage, dès maintenant certain, va donner la note des convictions politiques des sociétaires de la rue Cadet. Weiller battu se retirera-t-il devant Déroulède, si celui-ci l'emporte ? Voilà une question presque aussi intéressante que l'élection elle-même. Nous verrons si les radicaux qui combattent Boulanger, sous le fallacieux prétexte qu'ils lui trouvent des allures de Bonaparte, vont s'unir contre le républicain Déroulède pour faire passer un bonapartiste.

C'est la situation inverse qui se trouve être vraie aujourd'hui, et, si nous étions les derniers des naïfs, si nous n'avions pas appris à connaître M. Déroulède, nous pourrions dire :

Le ballottage va donner la note des convictions politiques des sociétaires de la rue de Sèze. Déroulède battu se retirera-t-il devant Weiller, si celui-ci l'emporte ? Voilà une question presque aussi intéressante que l'élection elle-même. Nous verrons si les intransigeants qui soutiennent Boulanger, sous le fallacieux prétexte qu'ils lui trouvent des allures de Washington, vont s'unir contre le républicain Weiller pour faire passer un bonapartiste.

Eh bien, je suppose l'impossible, l'invraisemblable, l'inouï, M. Déroulède faisant son devoir, se désistant, conformément à la discipline républicaine, en faveur de M. Weiller, — où en seront les affaires de M. Boulanger ?

Les dernières œillères des bonapartistes seront tombées ; M. Boulanger ne sera plus, pour MM. Bonaparte père et fils, qu'un général entretenu qui... comment dirai-je ?... manque au pacte fondamental, — rien, moins que rien... De Prangins à Bruxelles, l'on ne trouvera plus un bonapartiste qui convienne d'avoir jamais vu dans M. Boulanger le meilleur balai...

De quelque côté qu'il se tourne, c'est le mur où la justice devait nécessairement le conduire, le mur où l'une ou l'autre équivoque doit prendre fin. Et, l'une ou l'autre équivoque finie, le boulangisme est condamné...

Je ne sais pas si les courageux efforts de M. Lazare

Weiller seront récompensés, selon leur mérite, au scrutin de ballottage, — bien des surprises sont possibles, — mais je sais que nos amis de la Charente viennent de rendre un fier service à la République...

LE GÉNÉRAL ROUMESTAN

28 juin.

Naturellement, c'était une comédie, un mensonge de plus... A l'exemple du conseil des ulémas qui suicidait naguère le sultan Abdul-Aziz, le comité de la rue de Sèze avait officiellement désisté M. Paul Déroulède. Il s'agissait d'arrêter, à l'ouverture béante de la boîte aux lettres, la démission de M. Rochefort. Quelques naïfs — c'est M. Ranc qui les qualifie ainsi — se réjouiront : jugez donc, M. Boulanger tombait à gauche! Mais, en même temps, le télégraphe marchait, la candidature boulangiste était énergiquement maintenue dans la Charente, des ballots de bulletins, les uns au nom du poète des *Chants d'un candidat*, les autres au nom de l'ex-général lui-même, étaient expédiés à Angoulême.

C'est pitoyable, c'est honteux... Et pourtant je ne me sens plus, à flétrir ces vilenies, à les dénoncer au mépris public, l'entrain d'autrefois. Je ne suis

pas suspect : j'ai été, sauf erreur, le premier journaliste républicain qui ait dénoncé les desseins ténébreux de M. Boulanger. Il était ministre de la
guerre dans le cabinet Freycinet : je l'appelais
« l'officier général qui a momentanément encore
« l'honneur immérité de commander en chef à l'ar-
« mée française », à un moment où le *Radical* ré-
clamait des poursuites contre les journaux qui
avaient publié les lettres au duc d'Aumale, où la
Justice couvrait du pieux manteau de Japhet le
« Bénit soit le jour ! » que M. Clémenceau raillait
hier avec tant d'esprit. Eh bien, aujourd'hui, cet
homme est vraiment tombé trop bas, — à gauche
ou à droite, peu importe, — sa fourberie éclate
aux yeux avec trop d'évidence, sa duplicité est
trop avérée ; il n'y a plus de masque à lever : cela
devient vraiment trop facile de lui dire : « Tu n'es
qu'un Saint-Arnaud de café-concert ! » Et puis ses
amis se mettent à l'abandonner avec trop de cynisme ! Le vaisseau faisant eau, les rats se sauvent
avec trop peu de pudeur !

Il avait trahi tout le monde, tous ses protecteurs,
ceux qui l'avaient nommé colonel, ceux qui l'avaient
nommé général, ceux qui l'avaient fait ministre. Il
était écrit au grand livre de la Justice immanente
qu'il serait abandonné à son tour, désavoué, lâché
au premier vent d'orage par tous ceux qu'il avait
embarqués sur sa galère. « Misère ! misère ! » dit
le poète, « sublime creuset où la destinée jette un

« homme chaque fois qu'elle veut avoir un héros
« ou un gredin! » La défaite électorale est le creuset où la destinée jette les partis politiques. Celui-ci
ne pouvait résister au moindre échec: la bonne
fortune l'avait grisé des plus folles espérances'; à la
première atteinte de la mauvaise fortune, il devait
fondre comme neige au soleil!.. Où sont-ils, tous les
hommes d'Etat qui refusaient de faire partie d'un
ministère où le brave général ne conserverait point
son portefeuille? Où sont-ils, les marchands de
papier et d'images, les chansonniers, les comiques
de café-concert, les marchands de pains d'épice qui
célébraient sa gloire et qui s'en faisaient des revenus? Où est Paulus? Qu'est devenu Dugué de la
Fauconnerie? Que devient la *Lanterne?* « Et toi
aussi, mon fils! » Oui la *Lanterne* aussi! Elle a le
devoir — oh! qu'en termes galants ces évolutions
sont préparées! — « le devoir de rester fidèle à ses
principes, de préférence à ses amitiés! » A ses principes! aux purs principes!...

Eh bien, je le plains! Quelle chute! quelle déca-
dence! Hier, il était soldat, il avait la plume blanche à son chapeau, il portait la triple étoile et l'é-
paulette d'or, il commandait à des régiments, à des
corps d'armée; il n'avait qu'à fermer les yeux pour
se voir, au jour des suprêmes épreuves, galopant à
la tête des escadrons, au milieu des étendards dé-
ployés, au son des fanfares, vers la victoire! Et il a
sacrifié tout cela, tout cet honneur, toute cette

gloire en germe... Il s'est laissé griser par le vin frelaté de la petite presse, par l'encens grossier des enfants de chœur de l'intransigeance. Paris l'a pris, corrompu, gâté, dévoyé, enlisé comme le premier Numa Roumestan de province. Il a quitté, pour les coulisses de la politique, le saint foyer de l'armée... Et ceux-là mêmes qui l'ont entraîné à cette folle fête d'une nuit l'abandonnent aujourd'hui, demain ne le connaîtront plus. Qui ça, Boulanger? Un homme qui porte une belle barbe blonde... Et je ne plaindrais pas ce malheureux, cet ancien soldat tellement déchu, chez qui la conscience est si bien morte, qu'il ne se plaint peut-être pas lui même !

APRÈS LE SCRUTIN

3 juillet.

Nous ne commettrons pas l'irrévérence de rappeler au comité de la rue de Sèze, qui a décidément pris le camp d'Agramant pour modèle, le proverbe du râtelier vidé et des chevaux qui se battent. Il n'y a là, évidemment, ni râtelier ni nobles coursiers : il y a tout simplement — sachons voir les choses comme elles sont — deux grands confrères qui boulangisaient hier de compagnie et qui se lancent aujourd'hui à la tête les plus graves reproches. La *Presse* accuse la *Lanterne* de n'avoir tenu aucun compte du désistement que le comité avait imposé à M. Déroulède et d'avoir envoyé dans les Charentes, pour le second tour de scrutin, des bulletins au nom de l'ex-poète. La *Lanterne* insinue que le désistement n'a été qu'une comédie et que la *Presse* aurait expédié dans les mêmes Charentes, pour le même vote de ballottage, des bulletins au nom de l'ex-général lui-même.

La *Presse* tient pour le plébiscite personnel, la *Lanterne* n'admet que le plébiscite impersonnel. La *Presse* eût voulu poser la candidature de M. Boulanger à tous les sièges devenus vacants; la *Lanterne* ne peut consentir à lâcher à ce point les purs principes. Depuis le fameux débat des moines de Byzance sur la lumière du Thabor, lumière créée, selon les Laguerre de l'époque, lumière incréée, d'après les Mayer du temps, on n'avait pas assisté à une querelle de cette envergure.

Nous relatons la dispute; il nous sera permis de n'y point intervenir. Que le plébiscite soit personnel, M. Boulanger se mettant lui-même sur les rangs, ou qu'il soit impersonnel, M. Boulanger affirmant que voter pour Pierre ou Paul c'est voter pour lui-même, c'est toujours le plébiscite, hypocrite ou cynique, et c'est le plébiscite que nous répudions et que nous détestons. Aussi bien, cynique ou hypocrite, impersonnelle ou personnelle, le certain est que la politique plébiscitaire va mal. Dans la Charente, au premier tour de scrutin, elle avait été battue par la politique républicaine ; au second tour de scrutin, elle a donné la victoire à la politique bonapartiste. D'abord, la défaite ; puis, la honte. Nous sommes de ceux qui préfèrent la défaite à la honte ; nous avons des raisons de croire que le goût de MM. les césariens est différent. Ils ont reçu avec colère et rage, il y a quinze jours, la défaite de M. Déroulède ; ils ont appris hier, avec une joie qu'ils ne prennent point la peine de cacher, la victoire de M. Gellibert des Seguins sur M. Lazare Weiller.

Donc, tout en se disputant entre eux, les boulangistes se consolent : les républicains sont battus, et ce sont les bonapartistes qui l'emportent ! C'est le parti de Décembre et de Sedan, en effet, qui vient d'avoir, deux fois dans la même journée, les honneurs du scrutin. Nous ne célons pas, comme on voit, l'étendue de notre défaite ; nous supplions surtout le parti républicain de ne pas s'en dissimuler la gravité. Dans la Charente, malgré les efforts de M. Lazare Weiller, malgré une bataille de quatre semaines qui fait à tous ceux qui l'ont livrée avec lui le plus grand honneur, c'est le candidat de l'empire qui triomphe, M. Cunéo d'Ornano, l'homme de la pâtée, sous les espèces de M. Gellibert des Seguins, qui ne mettait point, d'ailleurs, son drapeau dans sa poche.

Et, dans le Loiret, c'est M. Dumas, également bonapartiste, également plébiscitaire, qui tient la corde, — sans doute, au premier tour seulement — mais, enfin, qui arrive au poteau avec 3,000 voix d'avance. Certes, nos excellents revisionnistes de la rue Cadet ne se troublent pas pour si peu : Dumas plus Lacroix, Gellibert plus Déroulède, cela fait, rouges, bleus ou blancs, 80,000 bulletins pour la revision !... Vive la revision ! Mais quoi ! nous n'avons pas été à l'école de Pangloss, et, avec la meilleure volonté du monde, nous ne pouvons souscrire à tant d'optimisme.

Non, nous ne pouvons nous résigner, avec cette douce sérénité, à voir le parti de l'Empire relever a tête, à voir les hommes de Décembre monter avec des forces nouvelles à l'assaut de la République, à voir le candidat républicain forcé de se désister en faveur du candidat radical pour empêcher, dans le Loiret, l'élection d'un bonapartiste ! Après dix-huit années de République, le bonapartisme, dans le Loiret comme dans la Charente, ne devrait plus exister qu'à l'état de lointain et néfaste souvenir. Pourquoi en est-il autrement ? Pourquoi reperdons-nous le terrain que nous avions conquis ?

C'est la faute à Ferry, c'est la faute à Clémenceau, c'est la faute à Brisson !... Hô, ayons donc le courage, ô républicains de tous les groupes, de toutes les nuances, de toutes les églises, de dire une bonne fois la vérité : « C'est la faute à nos fautes ! »

LA TOURNÉE EN BRETAGNE

10 juillet.

On trouvera plus loin la lettre de notre correspondant sur le voyage de M. Boulanger en Bretagne. Il n'y a rien de plus à dire sur la tournée du pitoyable cabotin qui, sifflé outrageusement sur les grandes scènes de Paris, s'imaginait trouver des compensations dans les cirques forains et sur les théâtres de province. M. Boulanger a pris les Bretons pour d'autres, et les entrepreneurs de sa tournée, les distingués *managers* Le Bastard et Le Hérissé, en ont été pour leurs frais d'affiches. La curiosité même n'a pas été éveillée. Mlle Irma, des Folies-Bergères, fait couramment le maximum à la foire d'Antrain et au théâtre de Rennes ; M. Boulanger n'a pas fait 300 francs.

Quant au discours qu'il a prononcé dimanche soir, il défie toute critique par son invraisemblable platitude. Cela veut être insolent, et ce n'est que sot, et cela tient désavantageusement dans les colonnes des journaux la place de quelques chiens écrasés.

M. Boulanger est rentré dans sa bonne ville de
Paris. Le principal incident de son voyage en Bretagne aura été décidément le salut de la vieille mé-
gère édentée qui, juchée sur un tas approprié de
fumier, un balai à la main, a annoncé à l'ex-général
« qu'il reviendrait ». C'était renouvelé de Macbeth,
mais c'était tout de même une jolie récidive. Quant
au reste de la tournée, cela a été véritablement
trop misérable et trop bas pour que nous prenions
la peine de nous y arrêter. Les outrages et les injures que M. Boulanger dépose le long de la Constitution républicaine, ce n'est plus qu'affaire de
voirie.

Il y a bien le discours de M. Le Bastard; mais les
journaux de la faction interdisent sur un ton si su-
perbe à M. le président du conseil de toucher à ce
personnage que la légitime fierté de M. Floquet
(nous en avons du moins la conviction) doit être en
pleine ébullition. Ou nous ne connaissons plus M. le
ministre de l'intérieur ou M. le maire de Rennes
doit être révoqué depuis hier.

UN FACTIEUX

13 juillet.

Honni, repoussé, cloué au pilori par tous les républicains dont les yeux s'étaient enfin ouverts à la vérité, abandonné par les compagnons de la bonne fortune qui ne voulaient pas devenir ceux de l'adversité, ayant sur lui la réprobation de tous les patriotes et le mépris de l'Europe, sentant que la chance le quittait, acculé au programme que son propre comité présentait à sa signature, voyant que du général qu'il avait été, du dictateur dont il avait pris le masque, il ne resterait sous peu de jours qu'un pitre au rebut qui ne trouverait plus le placement de ses parades même sur les baraques des foires foraines, M. Boulanger avait compris, hier matin, qu'il ne pourrait échapper à l'enlisement final que par un coup d'audace, prélude d'une nouvelle campagne d'agitations et de séditions dans le pays.

Il avait arrêté, en conséquence, le plan que voici :

Il reparaîtrait une dernière fois dans cette Chambre où, les jours de travail, il n'avait pas une fois mis les pieds ; il apporterait à la tribune, en l'accompagnant de commentaires insolents et factieux, une motion de dissolution, et, la motion repoussée, il donnerait sa démission pour se jeter à corps perdu dans la révolte.

M. Boulanger est, en effet, arrivé hier au Palais-Bourbon, suivi de sa bande, ayant dans la poche droite sa motion et dans la poche gauche sa lettre de démission toute prête, visant le rejet de sa proposition.

Nous avons vu alors se renouveler la scène du 4 juin dernier :

Au milieu des huées de la majorité républicaine qui se retrouvera toujours unie comme un seul homme derrière le gouvernement quel qu'il soit, radical, ou progressiste, ou modéré, chaque fois qu'il s'agira de combattre et d'abattre l'ignoble menace de dictature, M. Boulanger a lu un papier dont chaque ligne suintait la haine, la bassesse d'âme, l'ignorance des principes les plus élémentaires de la République, la soif du pouvoir, la rebellion.

Puis, quand le président du conseil, au milieu des acclamations des républicains et des patriotes, a fait à cette nouvelle insolence la réponse qu'elle méritait, livrant au mépris de tous les bons citoyens le César d'aventure qui venait de choisir la tribune nationale pour y lire son appel à la guerre

civile, l'ancien coureur de sacristies et d'anti-
chambres princiers, — il était déjà l'homme qui
apparaît à nu aujourd'hui quand nos amis étaient
les premiers à dénoncer sa criminelle ambition,
quand Ferry le flagellait, quand tant de républicains aveuglés refusaient de s'unir à Rouvier pour
le frapper à temps d'une réprobation irrévocable,
— lorsque M. Floquet a prononcé contre lui la flétrissure éloquente que la Gauche tout entière sa-
luait d'applaudissements qui claquaient sur la joue
de cet homme comme autant de soufflets, on l'a vu
se dresser, vomissant l'outrage et l'injure, excitant
les bonapartistes et les royalistes, qui le soute-
naient de leurs cris et de leurs hurlements, à l'un
des scandales les plus répugnants qui aient marqué
nos annales parlementaires.

Et, après cette scène ignoble, la scène comique :
sous le coup d'une proposition de censure faite par
le président de la Chambre, avant que la Chambre
ait été appelée à voter la question préalable sur sa
motion, M. Boulanger a tiré de son autre poche la
lettre de démission préparée, la lettre qui visait le
rejet de sa motion et à laquelle, dans sa sottise, il
avait négligé de changer un mot; il l'a remise sur
le bureau de l'Assemblée, et il est sorti de la salle
des séances, poursuivi par un éclat formidable de
rire et d'indignation, ramassant quelques complices
pour tenter enfin, sous le péristyle du palais législatif, une dernière sédition.

Donc, depuis hier, M. Boulanger, déjà chassé de l'armée par le vote infamant de ses pairs, n'est plus député , il n'est plus que M. Boulanger, il n'est plus qu'un factieux.

Ce que veut M. Boulanger est clair :

La rébellion, dont il a sonné hier la première fanfare, il va essayer de la promener à travers le pays qui veut la paix et le travail, et qu'il veut, lui, dans son ambition scélérate et folle, essayer de diviser contre lui-même dans la plus détestable tentative de guerre civile.

Eh bien, cela ne sera pas; il ne faut pas que cela soit !

Le gouvernement de la République a épuisé la mansuétude, la tolérance à l'égard de cet homme qui a levé, depuis tant de mois, le drapeau de la révolte.

C'est assez : il faut en finir !

L'armée a chassé de son sein M. Boulanger révolté contre la discipline militaire ;

A la République maintenant de lui appliquer, d'une main implacable, les lois, les justes lois qui frappent les crimes de révolte et de haute trahison.

Je rappelais, l'autre jour, à cette place, l'histoire de la conjuration de Catilina ; je rappelais comment le Sénat romain, comment Cicéron avaient sauvé la République menacée par un homme, comme celui-ci, perdu de dettes et de crimes.

Catilina a levé le dernier masque ; il est en révolte ouverte contre la Constitution de son pays.

Qu'on en finisse ! Que les consuls veillent au salut de la République ! Appliquez les lois ! La tolérance, demain, ne serait plus la tolérance : ce serait la plus néfaste, la plus périlleuse des duperies.

Le pays républicain, le parti républicain tout entier sont là, unis, la main dans la main, oubliant leurs querelles d'hier, prêts à tous les sacrifices pour livrer et gagner la dernière bataille contre les ennemis de la liberté !

Il a voulu n'être plus qu'un factieux. Ainsi soit-il Traitez-le comme les Républiques ont le droit et le devoir de traiter les soldats rebelles !